जयी राजगुरु

खोर्धा विद्रोह के अप्रतिम क्रांतिकारी

शहीद जय राजगुरु का योगदान

"हमारे सभी प्रयासों को शून्य कर दिया गया है। मुझे डर लग रहा है, खोर्धा के राजा की काररवाई अन्य राज्यों के राजा के कार्यों को दृढ़ता से प्रभावित करेगी। इसलिए उस साथी को नियंत्रित करना अनिवार्य है। मेरा मतलब यह नहीं है कि उसे मार दिया जाना चाहिए। मैं चाहता हूँ कि...उनके राजनीतिक सलाहकार जयी राजगुरु को प्रभावी रूप से हटा दिया जाना चाहिए।"

—कर्नल हरकोर्ट टू लॉर्ड वेलसली, 1804

"जयी राजगुरु का जीवन अपने देश और देशवासियों के हित के लिए पूर्ण समर्पित था। उनकी देशभक्ति और स्वतंत्रता की भावना उन्हें इस देश के महान् स्वतंत्रता सेनानियों को प्रेरित करती है।"

—लालकृष्ण आडवाणी, भारत के पूर्व उप-प्रधानमंत्री

"1804 का खोर्धा विद्रोह, जिसका शहीद जयी राजगुरु ने नेतृत्व किया, वह वास्तव में जनतंत्र का युद्ध था। राजगुरु ने इसके लिए सेना तैयार की और लोगों से अपील की कि वे आगे आएँ और अपनी मातृभूमि को बचाने के लिए बलिदान के लिए तैयार रहें। प्रत्येक घर ने एक सैनिक का योगदान दिया, जिन्हें विभिन्न युद्ध-कौशल में प्रशिक्षित किया, और लोगों ने अपने-आपको उनके नेतृत्व में समर्पित किया।"

—एम. वेंकैया नायडू, भारत के माननीय उपराष्ट्रपति

"उनका (जयी राजगुरु का) विद्रोह एक छोटी शुरुआत थी, लेकिन उनके साहसिक प्रतिरोध ने बाद के वर्षों में कुछ प्रसिद्ध जनजातीय आंदोलनों को प्रेरित किया। 1832 में कोल का उदय और 1855-56 में संथाल आंदोलन, जिसने एक युगांतरकारी घटना की उत्पत्ति की नींव रखी—1857 का स्वतंत्रता संग्राम, काफी हद तक राजगुरु के विद्रोह से आकर्षित हुआ।"

—सोमनाथ चटर्जी, पूर्व लोकसभा अध्यक्ष

"स्वयं विद्वान्, लोकप्रिय (जयी राजगुरु) ने प्रजातंत्र से भरती सैनिकों के खराब सशस्त्र बलों के साथ साहसपूर्वक ब्रिटिश सेना का मुकाबला किया। उन्हें अंग्रेजों ने पकड़ लिया और 6 दिसंबर, 1806 को दूर मिदनापुर में मुकदमे के बाद उनकी निर्मम तरीके से हत्या कर दी गई और वे 20वीं शताब्दी में ओडिशा के स्वतंत्रता सेनानियों को प्रेरित करते हुए ओडिशा के लोकगीत का हिस्सा बन गए।"

—प्रो. बिपिन चंद्रा, प्रसिद्ध इतिहासकार

जयी राजगुरु

खोर्धा विद्रोह के अप्रतिम क्रांतिकारी

बिजय चंद्र रथ

प्रभात
पेपरबैक्स
www.prabhatbooks.com

प्रकाशक

प्रभात पेपरबैक्स

4/19 आसफ अली रोड, नई दिल्ली-110002

फोन : 23289777 • हेल्पलाइन नं. : 7827007777

इ-मेल : prabhatbooks@gmail.com ❖ वेब ठिकाना : www.prabhatbooks.com

संस्करण

प्रथम, 2020

अनुवाद

सुजाता शिवेन

अ.मा.पु.स. 978-93-5322-925-2

JAYEE RAJGURU
Khurda Vidhroh Ke Apratim Krantikari
by Shri Bijay Chandra Rath

Published by **PRABHAT PAPERBACKS**
4/19 Asaf Ali Road, New Delhi-110002

ISBN 978-93-5322-925-2

शहीद जयी राजगुरु

शहीद जयी राजगुरु का जीवन असाधारण साहस, दृढ़ इच्छा-शक्ति और निःस्वार्थ त्याग का देदीप्यमान उदाहरण है। देशप्रेम की प्रबल भावना तथा विदेशी शासन के प्रति विरोध की तीव्र भावना उनके चरित्र की मुख्य विशेषताएँ थीं। ओडिशा (पहले उड़ीसा) के खोर्धा में ब्रिटिश शासन का विरोध करने वाले पहले भारतीयों में से वह एक थे। अपने विश्वास को कार्यान्वित करने का साहस रखने तथा विदेशी शासन का विरोध करने के लिए उन्हें अपने जीवन का सर्वोच्च बलिदान सन् 1806 में देना पड़ा, जब उन्हें अंग्रेजों ने मृत्युदंड दे दिया।

जयी राजगुरु का जन्म 29 अक्तूबर, 1739 को ओडिशा में पुरी के निकट गाँव वीर हरेकृष्णपुर में एक प्रतिष्ठित और विद्वत परिवार में हुआ था। उनके पूर्वज खोर्धा के राजा के सलाहकार एवं आध्यात्मिक गुरु थे तथा वे परंपरागत रूप से 'राजगुरु' कहलाते थे। उनका वास्तविक नाम जयकृष्ण महापात्र था। अपने पिता चाँद राजगुरु की मृत्यु के पश्चात् खोर्धा के राजा के 'राजगुरु' नियुक्त होने पर वे 'जयी राजगुरु' के नाम से लोकप्रिय हुए।

खोर्धा के तत्कालीन राजा दिव्यसिंह देव-II की मृत्यु के पश्चात् जब उनका उत्तराधिकारी बनने के लिए स्पर्धा प्रारंभ हुई, तब जयी राजगुरु ने स्व. राजा के अवयस्क सुपुत्र मुकुंद देव-II का खोर्धा के सिंहासन पर आसीन होना सुनिश्चित किया। राजा के अवयस्क होने के कारण, जयी राजगुरु ने प्रतिशासक के रूप में सन् 1978 में राज्य का वास्तविक नियंत्रण अपने

हाथों में ले लिया। प्रतिशासक के रूप में उन्होंने प्रशासन तंत्र में कई बदलाव किए। राज्य के सैनिकों के गिरते हुए मनोबल को बढ़ाने के लिए उन्होंने कई सामाजिक कदम उठाए।

जयी राजगुरु 18वीं शताब्दी के प्रकांड संस्कृत विद्वान् एवं बुद्धिजीवी थे। अपने पूर्वजों के संस्कृत पठन की परंपरा का निर्वहन करते हुए उन्होंने अपने जीवन के प्रारंभिक वर्षों में ही वेद, पुराण और अन्य ग्रंथों में विशेषज्ञता प्राप्त कर ली थी। वे बड़ी आसानी से हजारों श्लोक लिख सकते थे और पंडितों में प्रतिष्ठित विद्वान् थे। संस्कृत के अध्ययन में विशेष और अनवरत अभिरुचि के कारण संस्कृत साहित्य में उन्हें महापंडित की ख्याति प्राप्त हुई। उन्होंने अधिकांश हिंदू धार्मिक ग्रंथों तथा अन्य धर्म ग्रंथों का भी अध्ययन किया। 'रामायण', 'हरिवंश' तथा अन्य हिंदू धर्मग्रंथों ने उनके विचारों और चिंतन को बहुत प्रभावित किया। जयी राजगुरु के विचार में न्याय सर्वोपरि धर्म था और जीवनपर्यंत उन्होंने न्याय के पथ का दृढ़ता से अनुसरण किया।

सन् 1803 में ओडिशा पर ब्रिटिश सैन्य बलों द्वारा आक्रमण तथा राज्य के मुख्य इलाकों पर कब्जा करने के पश्चात् अंग्रेजों ने छोटे राज्यों के शासकों को अपनी अधीनता स्वीकार कर ब्रिटिश राजकोष में कर अदा करने के आदेश जारी किए। जयी राजगुरु के परामर्श के अनुसार खोर्धा के राजा ने उस सूचना पर हस्ताक्षर नहीं किए। अंग्रेजों के साथ आसन्न युद्ध के खतरे को महसूस करते हुए उन्होंने ऐसी आकस्मिकता के लिए सेना को तैयार किया और जनता से अपनी मातृभूमि की रक्षा हेतु बलिदान के लिए तत्पर रहने का आह्वान किया। उन्होंने ब्रिटिश सेनाओं के विरुद्ध संयुक्त रक्षा रणनीति के लिए अन्य पड़ोसी राज्यों के बीच एकता स्थाापित कर उनका समर्थन प्राप्त किया। शीघ्र ही उनके प्रयत्न एक जन आंदोलन के रूप में सामने आए, जिसमें प्रत्येक परिवार से भिन्न-भिन्न युद्ध शैलियों में प्रशिक्षण प्राप्त एक सैनिक का योगदान मिला और लोग उनके नेतृत्व के अंतर्गत समूहबद्ध हो गए।

जयी राजगुरु एक ओजस्वी वक्ता भी थे। अपने ओजपूर्ण भाषणों से वे अपने श्रोताओं में देशप्रेम की भावना जगा देते थे। गोपनीय समितियों का

गठन करने हेतु वे एक जगह से दूसरी जगह जाते। वे युद्धकला में लोगों को प्रशिक्षण भी प्रदान करते तथा ब्रिटिश विजेताओं के विरुद्ध हिंसात्मक क्रांति का समर्थन करते।

जयी राजगुरु ने सन् 1804 में महानदी के किनारे ब्रिटिश सेनाओं पर आक्रमण किया और इस समाचार के दूर-दूर तक फैलते ही भिन्न-भिन्न स्थानों पर अंग्रेजी सेना की टुकड़ियों पर इस प्रकार के कई आक्रमण हुए। राजगुरु की सेनाओं से करारी हार मिलने पर अंग्रेजों ने अपनी शक्ति बढ़ाने के लिए अतिरिक्त टुकड़ियाँ बुला भेजीं। दिसंबर 1804 में ब्रूनेई पर्वत की निचली पहाड़ी में अंग्रेजों और जयी राजगुरु के नेतृत्व में सैनिकों के बीच अंतिम युद्ध 'ब्रूनेई का युद्ध' हुआ। तीन दिनों तक किले की घेराबंदी रही और उस भीषण युद्ध में किले में राजगुरु के कुछेक सैनिकों ने 7,000 सशस्त्र ब्रिटिश बलों से साहसपूर्वक संघर्ष किया। जयी राजगुरु और उनके अनुयायियों की युद्ध क्षमता, साहस और बलिदान को भारतवर्ष के लोग आज भी याद करते हैं।

इस परिदृश्य में अंग्रेजों ने जयी राजगुरु का पता-ठिकाना और उनकी सामरिक योजनाओं के बारे में सूचना देने के बदले कुछ स्थानीय लोगों को कर-मुक्त जोत भूमि का प्रलोभन देकर 'फूट डालो और शासन करो' की नीति अपनाई। इसके फलस्वरूप, जयी राजगुरु पकड़े गए और उन्हें गिरफ्तार कर लिया गया। किंतु अपने पकड़े जाने के खतरे को महसूस करते हुए उन्होंने खोर्धा के राजा को उनके विश्वासपात्र सैनिकों के साथ एक सुरिक्षत स्थान पर पहुँचा दिया ताकि उनकी भूमि की प्रभुसत्ता के प्रतीक को अंग्रेजों से बचाया जा सके। जयी राजगुरु ने मातृभूमि के प्रति सर्वोच्च प्रेम और शाश्वत निष्ठा का प्रदर्शन करते हुए अपनी जान पर खेलकर राजा को अपमानित होने से बचाया।

अंग्रेज जयी राजगुरु पर अभियोग चलाने के लिए उन्हें बहुत दूर मिदनापुर ले गए, क्योंकि उन्हें डर था कि उन पर अभियोग चलाए जाने से राज्य में विद्रोह पैदा हो सकता है। ब्रिटिश न्यायालय द्वारा 'तथाकथित' अभियोग चलाने के बाद उन्हें राज्य के विरुद्ध युद्ध शुरू करने के लिए मृत्युदंड दिया

गया। जयी राजगुरु के साहस और शौर्य का मजबूत प्रमाण इस बात से मिलता है कि उन्होंने क्षमा हेतु याचना प्रस्तुत नहीं की और न्यायालय में जोरदार ढंग से कहा कि अपनी मातृभूमि की स्वतंत्रता के लिए संघर्ष करना कभी अपराध नहीं हो सकता।

6 दिसंबर, 1806 को जयी राजगुरु शहीद हो गए। इस तरह से एक महान् तथा बहादुर देशभक्त के जीवन का अंत हो गया। वे भारत के स्वतंत्रता संग्राम में शहीद होने वाले ओडिशा के पहले और राष्ट्रीय आंदोलन के सर्वप्रथम शहीदों में से एक थे।

भारत में ब्रिटिश शासन के उन आरंभिक वर्षों में ब्रिटिश शासन को चुनौती देने का साहस करना सचमुच काफी जोखिम भरा कार्य था। उनके विद्रोह ने इसकी शुरुआत की और उनके साहसिक प्रतिरोध ने बाद के वर्षों में कई प्रसिद्ध जनजातीय आंदोलनों को प्रेरित किया। 1832 का कोल विद्रोह तथा 1855-56 का संथाल आंदोलन, जिसने 1857 के स्वतंत्रता संग्राम जैसी युगांतकारी घटना की आधारशिला रखी, मुख्य रूप से राजगुरु के विद्रोह से प्रेरित थे। यह शहीद जयी राजगुरु की लोकप्रियता, बहादुरी और उत्कृष्ट राष्ट्रीय भावना का ही परिचायक है कि उनकी शहादत के दो सौ वर्षों के बाद भी कृतज्ञ राष्ट्र उन्हें श्रद्धापूर्वक स्मरण और व्यापक रूप से सम्मान करता है।

शहीद जयी राजगुरु, जो कि एक उत्कृष्ट देशभक्त, बहादुर स्वतंत्रता सेनानी और एक महान् राष्ट्र नायक थे, भारत के लोगों के लिए हमेशा एक प्रेरणास्त्रोत बने रहेंगे।

(22 दिसंबर, 2008 के संसद् के केंद्रीय कक्ष में माननीय प्रधानमंत्री डॉ. मनमोहन सिंह द्वारा शहीद की प्रतिमा के अनावरण के अवसर पर लोकसभा द्वारा प्रकाशित)

आमुख

सन् 1804 में अंग्रेज शासन के विरुद्ध संग्राम के मुख्य कर्णधार और आम जनता में जयी राजगुरु के नाम से जाने जानेवाले राजगुरु जयकृष्ण महापात्र; यूँ तो इतिहास में बहुत कम चर्चित रहे, फिर भी उनके आत्मोत्सर्ग की कहानी अभी भी दीप्तिमान है। उन्नीसवीं शताब्दी के प्रत्यूष काल में कटक को अपने अधीन लेने की ब्रिटिश ईस्ट इंडिया कंपनी की कोशिश सफल हो गई। मराठों को खदेड़कर ओडिशा की भूमि पर अंग्रेज शासन का नया अध्याय आरंभ हो गया, पर खोर्धा राजा के साथ कंपनी सरकार द्वारा पहले किए गए करार से साफ मुकर जाने के चलते प्रशासन के विरुद्ध विद्रोह सिर उठाने लगा, हालाँकि सच्चाई यही है कि उन्नत युद्ध कौशल के द्वारा अंग्रेजों ने खोर्धा राज्य पर अपना अधिकार जमा लिया और इस विद्रोह के राजप्रतिनिधि (Regent) जयी राजगुरु को मुख्य भूमिका निभाने के चलते बहुत ही नृशंसतापूर्वक मृत्युदंड से दंडित किया गया।

उस समय की समस्त घटनाओं का विश्लेषण करने से पता चलता है कि इस ब्रिटिश विद्रोह का असली चेहरा अभी भी सामान्यजन की नजरों के सामने नहीं आ पाया है, हालाँकि यह सच है कि विद्रोह के उद्देश्य और स्वरूप ने जनसाधारण में अदम्य उत्कंठा का आगाज किया था, बावजूद इसके राजगुरु के अवदान का यथार्थ मूल्यांकन अब भी नहीं हुआ है। ओडिशा में अंग्रेज शासन के विरुद्ध हुए संग्राम के अग्रणी इस वरेण्य नेता के अवदान का सटीक अध्ययन का होना नितांत जरूरी है। किसी जातीय चेतना की प्रेरणाप्रद घटना

को जब साधारण मानकर उसके महत्त्व को कम किया जाता है, तब इस तरह की उपनिवेशीय सीमाबद्धता से बाहर निकलना जरूरी है। इसी परिप्रेक्ष्य में देशीय तथा सहायक सूत्रों के तथ्यों के साथ औपनिवेशिक तथ्यों को जोड़कर पुनर्व्याख्या और संशोधन सर्वथा अनिवार्य है।

सटीक विवरण और तथ्य के अभाव में समकालीन इतिहास का पुनर्गठन और पुनर्विन्यास एक कठिन काम है। राजा द्वितीय मुकुंद देव के द्वारा दाखिल किया गया अनुज्ञा पत्र (Mercy Petition) इस पृष्ठभूमि का एक मुख्य उपादान है, जिसमें उन्होंने अपने को निर्दोष होने का दावा करते हुए जयी राजगुरु को घटना के प्रमुख रूपकार के रूप में उल्लिखित किया है। सन् 1804 में हुए खोर्धा विद्रोह के कुछ सूत्र इस अनुज्ञा पत्र से लिये जा सकते हैं।

इसी तरह से उस दौर में प्रचलित लोककथा और लोकगीतों से मिले मजबूत तथ्य भी अतीत की घटनाओं के पुनर्विन्यास के लिए एक अहम भूमिका अदा करते हैं। वर्तमान पीढ़ी को जागृत करने के लिए विगत ऐतिहासिक, गौरवशाली कहानी का पीढ़ी-दर-पीढ़ी प्रसार होना भी आवश्यक है। दो शताब्दी बीत जाने पर भी जनता की स्मृति में जयी राजगुरु आज भी दीप्तिमान हैं। उनके जाज्वल्यमान व्यक्तित्व, चरम त्याग, ईमानदारी का कोई सानी नहीं है।

इस पुस्तक की रचना के लिए कई जरूरी सरकारी दलीलों, दस्तावेजों, चिट्ठी-पत्री, विवरण, मंदिर के विवरण, अभिलेखागार, संग्रहालय और कई अनेक अनुष्ठानों में संगृहीत पुस्तकों, पत्रिकाओं, अखबारों में मिले तथ्यों की सहायता ली गई है। संपृक्त कर्मचारियों के उदार सहयोग और समर्थन के लिए मैं उनका कृतज्ञ हूँ।

सन् 1804 में औपनिवेशिक आधिपत्य के विरोध में हुए खोर्धा विद्रोह में जयी राजगुरु की यथार्थ भूमिका का निरूपण करना ही इस पुस्तक का विनम्र उद्यम है।

अंग्रेजी में 'Jayee Rajguru and Anti-colonial Resistance in Khurda' शीर्षक से लिखी गई इस पुस्तक का लोकार्पण भारत के

महामहिम उपराष्ट्रपति श्रीमान वेंकैया नायडू के करकमलों द्वारा 6 दिसंबर, 2017 को नई दिल्ली में हुआ। बाद में 18 दिसंबर, 2017 को भुवनेश्वर में माननीय गजपति महाराजा श्री दिव्यसिंह देव के द्वारा इस पुस्तक का लोकार्पण हुआ। इस ग्रंथ को मिले पाठकों के अपार आदर और स्वीकृति ने मुझे गहराई से उत्साहित किया है। पुस्तक के बारे में परम सम्माननीय गुरुजी डॉ. चंद्रभानु शतपथीजी के उच्च मंतव्य और इसे हिंदी में प्रकाशित करने के सदय परामर्श ने मुझे अपूर्व प्रेरणा दी है।

प्रकाशन के लिए तैयार ग्रंथ को आमूलचूल पढ़कर विषय सूची पर अपना प्रवीण मंतव्य देने के लिए प्रो. राजकिशोर मिश्रजी का श्रद्धा के साथ मैं ऋण स्वीकार करता हूँ। इसी क्रम में, प्रो. अमूल्य कुमार पंडा, प्रो. हिमांशु शेखर पटनायक, प्रो. जितेंद्र नारायण दास और प्रो. निकुंज किशोर दास के आग्रह और यथार्थ परामर्श समान रूप से प्रेरणादायक हैं। शहीद जयी राजगुरु फाउंडेशन, नई दिल्ली के मैनेजिंग ट्रस्टी श्रीदेब नंदजी का इस पुस्तक रचना में आग्रह दिखाने के लिए मैं आभार व्यक्त करता हूँ।

ग्रंथ की रचना के दौरान पत्नी श्रीमती (डॉ.) जयंती रथ की सहायता और समर्थन निश्चित रूप से अविस्मरणीय है। विभिन्न अनुष्ठानों से जरूरी तथ्यों को जुटाने में और पूरी पांडुलिपि को पन्ने-दर-पन्ने पढ़कर उसमें संशोधन करने की जिम्मेदारी अपने ऊपर लेकर उन्होंने मेरे श्रम को कम करने में बहुत हद तक मदद की। पांडुलिपि को टाइप करने में कनिष्ठ भ्राता श्री रविशंकर रथ की सहायता यथार्थ में प्रशंसनीय है।

आखिर में मैं सुश्री सुजाता शिवेनजी का उनके द्वारा हिंदी अनुवाद करने में सहयोग प्रदान करने पर अपनी कृतज्ञता प्रकट करता हूँ।

—बिजय चंद्र रथ

भुवनेश्वर

अनुक्रम

1

पृष्ठभूमि

ओडिशा पर अंग्रेजों का अधिकार हो जाने के बाद खोर्धा राज्य में औपनिवेशिक दखल के विरोध में 1804 में एक विद्रोह की शुरुआत हुई थी। खोर्धा के आखिरी राजा मुकुंद देव द्वितीय के समर्थ और विलक्षण प्रतिनिधि (Regent) राजगुरु जयकृष्ण महापात्र ने विदेशी सेनावाहिनी के विरुद्ध सशस्त्र आक्रमण का नेतृत्व किया। प्रजा के बीच वह 'जयी राजगुरु' नाम से जाने जाते थे। वह ओडिया स्वाभिमान के ज्वलंत प्रतीक थे।

सूर्यवंशी राजाओं के राज्वत्व का अवसान हो जाने के बाद ओडिया भाषी इलाके टुकड़ों में बँट गए। विभिन्न राजाओं के परिवार के सदस्य अलग-अलग इलाकों में क्षमतासीन थे, पर बाहर से जुदा नजर आने पर भी ओडिया लोगों के बीच भाषा के चलते गहरी एकता थी। जगत् के नाथ, जगन्नाथ के साथ आत्मिक जुड़ाव के साथ ही ओडिया भाषा भी केंद्रीय जातीयता का उत्स थी। मादला पंचांग के राजभोग अनुच्छेद में श्री जगन्नाथ का मानव के रूप में वर्णन किया गया है, जैसे 'ओडिशा राज्य के राजा', 'ओडिशा राज्य के मालिक या प्रभु', 'ओडिशा के ईश्वर' आदि।

अठारहवीं शताब्दी के अंत और उन्नीसवीं सदी के आरंभ में जातीय शक्तियाँ सक्रिय हो उठी थीं और ओडिया लोगों के बीच सम्मिलित रूप से एक अस्पष्ट संचेतना निर्दिष्ट आकार लेने लगी थी।[1] श्री जगन्नाथ उसी अघोषित प्रतीक के रूप में परिभाषित हो रहे थे।

अंग्रेजों के विरुद्ध लड़ाई में जयी राजगुरु ने कनिका के राजा बलभद्र भंजदेव, कुंजक के राजा चंद्रध्वज शेंढ और हरिशपुर, मरिचपुर, विष्णुपुर

के जमींदारों से प्रत्यक्ष सहयोग और मदद पाने में सफलता हासिल की थी। उन्होंने बौद्ध, नयागढ़ और दूसरी देसी रियासतों के शासकों से संपर्क बनाए रखा। विश्वनियंता जगन्नाथ इस एकता और अखंडता प्रतीक थे और ओडिया अस्मिता अपनी उपस्थिति जाहिर करना शुरू कर चुकी थी। पूर्वसूरी राजगुरु परमलक्ष्मी महापात्र (राजा रामचंद्र देव द्वितीय का समय) के साथ सुर-में-सुर मिलाते हुए उन्होंने विदेशी आक्रमण को दृढ़ता से परास्त करने के लिए ओडिया राज्यों के एक संयुक्त मंच के गठन का स्वप्न देखा था। जयी राजगुरु पड़ोसी राज्यों की मदद से उपनिवेशवादी शक्ति को पराजित करने का संकल्प लिया था। मातृभूमि की सुरक्षा के लिए किए गए उनके चरम त्याग और बलिदान की कोई तुलना नहीं है। यथार्थ में राजा और राज्य के प्रति अपनी अखंड विश्वसनीयता के कारण ही उन्होंने शहीद होने का मार्ग चुना था। वास्तव में वह अतिमानवीय गुणों के अधिकारी थे। अगली पीढ़ी के लिए साहस, स्वाभिमान और त्याग के साकार प्रतीक, प्रेरणा के उत्स थे।[2]

कंपनी प्रशासन के कर्मचारी एंड्रयू स्टर्लिंग उस समय विख्यात विद्वान् थे और उनके द्वारा लिखे गए प्रबंध 'Orissa; Chronology and History' में उल्लेख है कि नई गठित सरकार के विरोध में सन् 1804 में बिना किसी कारण विद्रोह करके राजा मुकुंद देव अंग्रेजों के गुस्से का कारण बने थे।[3] इसीलिए उसका बदला लेते हुए मिसाल के तौर पर उनके शासित इलाकों का समूल ध्वंस कर दिया गया। वैसे भी विप्लव हमेशा दूसरे पक्ष के लिए व्यर्थ और फिजूल नजर आता है। चूँकि स्टर्लिंग ब्रिटिश सरकार के पक्ष में अपना तर्क दे रहे थे, इसलिए उनका इस तरह का मत रखना स्वाभाविक था, पर उनके इस उल्लेख से बिना किसी शक के यह स्वीकार किया जा सकता है कि औपनिवेशिक कब्जे के विरोध में सबसे पहले खोर्धा शासन की तरफ से पहल की गई थी।

एक और प्रशासनिक अधिकारी और जाने-माने प्राच्य विद्या विशारद जॉन बिम्स ने कटक पर अधिकार करने के बाद; ओडिशा की राजस्व आय के निर्धारित लक्ष्य से कम होने पर ओडिया अमीनों को नकारा घोषित करते

हुए उनकी ईमानदारी और शराफत पर सवाल खड़ा किया था और इसी क्रम में ओडिशा पर अधिकार करने के बाद अंग्रेज शासन में हुई सामाजिक अस्थिरता को महत्त्व नहीं दिया। 14 अक्तूबर, 1803 को अंग्रेजों ने मराठा सेना को हराकर बारबाटी दुर्ग पर कब्जा करते हुए कटक को अपने अधीन कर लिया। इसके तुरंत बाद 17 दिसंबर, 1803 को देवगाँव दस्तावेज के तहत यह कानून में तब्दील हो गया। इसके बाद अंग्रेज अपने शासन की नींव को दृढ़ करने में लग गए। सन् 1803 दिसंबर में कर्नल हारकोट और मेलविले को ओडिशा का कमिश्नर नियुक्त करते हुए कटक में बहाल किया गया। पुरी के कलेक्टर के रूप में जेम्स हंटर ने कार्यभार ग्रहण किया। उन्होंने थोड़ा-बहुत बदलाव करते हुए मराठों की वित्तीय नीति का पालन किया। राजस्व संगृहीत करने की जिम्मेदारी अमीनों के जिम्मे थी, जिसके लिए वे कलेक्टर के प्रति जवाबदेह थे।

ब्रिटिश शासन के शुरुआती दौर में कटक में चावल की आपूर्ति में घोर संकट दिखने लगा था, जिसके चलते बार-बार अकाल जैसी स्थिति हो जाती थी।[4] पर पद पर आसीन अधिकारी इसे मानने को तैयार नहीं थे। उनका मानना था कि कटक में चावल की कमी होना दिखावटी था।[5] इस समस्या की जाँच करने के बाद उनका कहना था कि इस हालात के लिए अमीनों का असहयोग और जानबूझकर अवहेलना ही कारण था। जॉन बिम्स ने अमीनों को अविश्वसनीय, गैर-जिम्मेदार और विद्रोही का खिताब दिया था[6] और उसी संदर्भ में ओडिया लोगों के प्रति अप्रिय बयान देते हुए कहा कि ओडिशा के लोग निष्क्रिय प्रतिरोध (Passive Resistance) का रास्ता अपनाने में माहिर हैं।[7] सबसे ज्यादा राजस्व संगृहीत करना कंपनी की पहली मंशा थी और जब उनकी इच्छा के अनुरूप परिणाम नहीं मिला, तब प्रशासकों ने ओडिशा के लोगों को मर्यादाविहीन, नागवार कहने में गुरेज नहीं किया। बिम्स जैसे एक विशिष्ट प्रशासक और विद्वान् से ऐसे बेतुके बयान की आशा नहीं थी।

ऐसा ही एक और उदाहरण दिया जा सकता है। कनिका के राजा छह सौ

सशस्त्र सैनिकों को लेकर ब्रिटिश शासन के विरुद्ध खोर्धा के राजा को तगड़ा समर्थन देने के लिए निकले। इस दृष्टिकोण से उस घटना का औपनिवेशिक वर्णन बहुत ही निचले स्तर का था। जॉन बिम्स ने कनिका के राजा का चित्रण एक योजनाहीन और विद्रोही आदमी के रूप में किया था और इरादतन खोर्धा राजा की सहायता करने के लिए अंग्रेजों के विरुद्ध कनिका राजा द्वारा सेना तैनात करने की बात का उल्लेख नहीं किया।[8] अंग्रेज इतिहासकार हमेशा औपनिवेशिक सत्ताधिकार की यथार्थता को प्रमाणित करने के उद्‌देश्य से जातीय चेतना की विकास को दबा देने के कोशिश कर रहे थे।

इसी तरह से लिपिकारों द्वारा घटनाक्रम का विचित्र वर्णन उस समय का असली चित्र प्रस्तुत नहीं कर रहा था। यह सच है कि उस समय कंपनी के अधिग्रहण के विरोध में एक संगठित विद्रोह का सूत्रपात हुआ था और उसकी परिणति ने खोर्धा के लिए प्रतिकूल परिस्थिति का निर्माण किया था, पर उस समय की प्रबल प्रतापी ईस्ट इंडिया कंपनी के विरुद्ध विद्रोह की कल्पना करना भी दु:साहसिक कार्य था और इसके पीछे थी वीरत्व और त्याग की एक लंबी कहानी। औपनिवेशिक आधार से मुक्त होकर पुरातन भावधारा में परिवर्तन लाना जरूरी हो गया था; क्योंकि तत्कालीन कंपनी ने अपने शासन की गलती और कमजोरियों को दबा देने के उद्‌देश्य से निर्दिष्ट घटना के लिए स्थापित एकजुटता के महत्त्व को कमतर करके आँका था। यह स्पष्ट है कि तथाकथित सरकारी आधार एक छल है, इसलिए औपनिवेशिक सत्ता के स्वार्थ की रक्षा के लिए गढ़े गए इतिहास को अगली पीढ़ी मानने के लिए विवश नहीं थी। एक महत नजरिए से स्थानीय तथ्य और स्वीकार योग्य प्रासंगिक प्रमाणों के आधारों पर उस समय के इतिहास को तराशने की जरूरत है। बेशक मौलिक तथ्यों की कम उपलब्धता के चलते घटनाक्रम के पुनर्गठन में गहरा प्रतिरोध उत्पन्न हो सकता है, पर बहुत बार इतिहास का सृजन लुप्त हो गई स्मृति और सीमित तथ्य, प्रमाण पर निर्भर रहता है।

भारत में विदेशी शासन के समय ब्रिटिश कार्यकर्ता और दूसरों के द्वारा वर्णित घटनाक्रम पक्षपातपूर्ण और असहिष्णुता पर तो आधारित था ही,

औपनिवेशिक सरकार को अच्छा लगे वैसा शुद्ध झूठ और खोट से लिपटाकर उसे लिखा गया। वे 'फूट डालो और शासन करो' (Divide And Rule) की नीति का पालन कर रहे थे, जिसके चलते भारतीयों में एकता का भाव पनपना आसान नहीं था, पर भारत में राष्ट्रीय राजनीतिक पटल पर राष्ट्रीय कांग्रेस का आगाज होने से पहले ही विदेशी जंजीर से मुक्त होने की इच्छा साफ नजर आने लगी थी। भिन्न-भिन्न इलाकों में पनप रही विरोध की भावना ने पहले स्तर पर जो पृष्ठभूमि तैयार की, उसी ने आनेवाले दिनों में अंग्रेजों को भारत से खदेड़ने का रास्ता सहज बना दिया था।

इस दृष्टिकोण से देखा जाए तो सन् 1804 में संगठित हुआ खोर्धा विद्रोह निश्चित रूप से असाधारण और अद्वितीय था। यह केवल औपनिवेशिक आधिपत्य के विरोध में उठी एक करारी आवाज ही नहीं थी, बल्कि इसने ओडिया एकता की नींव रखने का काम भी किया था। विदेशी बंधन से मुक्ति के साथ ही प्रांतीय ओडिया जातीयता भाव का उत्थान इस विद्रोह का विशेषत्व था। देसी रियासतों के राजा और जमींदारों की सहायता और सहानुभूति ने इसे और शक्तिशाली बनाया था।

नेतृत्व किसी भी आंदोलन का मुख्य उपादान है। साहस, अटल विश्वास और दृढ़ता के साथ लक्ष्य हासिल करने की कोशिश एक समर्थ मार्गदर्शक की विशिष्टता है। जयी राजगुरु में यह विशिष्टता स्पष्ट रूप से प्रकट हुई थी। उनके अतुलनीय व्यक्तित्व, दृढ़ संकल्प और आत्मोत्सर्ग बलिदान ने एक अपार, दुर्लभ उदाहरण प्रस्तुत किया है।

संदर्भ—

1. जी.एन. दाश, Jagannath and Oriya nationalism in ए. एस्कमन (ed.). The cult of Jagannath and the regional tradition of Orissa (दिल्ली, 1978) पृ. 364
2. वही
3. एन्ड्रयू स्टर्लिंग, "Orissa: Chronology and History", (खंड, 15, the Asiatic Researches and Historical of Orissa Proper or

Cuttack), Quoted from एन.के. साहू (ed.) 'उडिशा का इतिहास', कटक, 2005, पृ. 281

4. जॉन बिमस्, "The History of Orissa under the Mahammedan, Maratha and English rule" (The Journal of the Asiatic Society of Bengal, खंड 52, अध्याय-1,1882), वही, पृ.342
5. वही पृ. 343
6. वही पृ.
7. वही पृ. 344
8. वही पृ. 345

□

2

खोर्धा राज्य की प्रतिष्ठा

सूर्यवंशी गजपति राजाओं के शासन के समय ओडिशा का यश और गौरव महिमामंडित हुआ था, पर प्रताप रुद्रदेव की उदासीनता ओडिशा के लिए घोर विपत्ति ले आई थी। उनके अयोग्य उत्तराधिकारी राज्य की अखंडता की रक्षा करने में असमर्थ थे। इस कालखंड में षड्यंत्र, विद्रोह और जबरदस्ती सिंहासन दखल का नीरव द्रष्टा बना था इतिहास। प्रतापरुद्र के दोनों पुत्रों की उनके मंत्री गोविंद विद्याधर ने नृशंसता के साथ हत्या कर दी और सिंहासन अपने कब्जे में कर लिया, पर उनका शासन कम समय के लिए ही रहा। गद्दीनशीन होने के कुछ दिन बाद ही उन्हें विदेशी आक्रमण और अंतर्विद्रोह का सामना करना पड़ा।

सूर्यवंशी गजपति राजाओं की शक्ति के कमजोर पड़ने और अंग्रेजों के ओडिशा पर कब्जा करने के बीच के उस समय में खोर्धा की भूमिका बेहद महत्त्वपूर्ण थी। मादला पंचांग में खोर्धा को एक 'कटक' (सैनिक शिविर, छावनी या नगर) के रूप में दिखाया (चित्रित किया) गया है।[1] श्रीजंग शिलालिपि में खोर्धा को 'परांग खोर्धा' के तौर पर उल्लिखित किया गया है।[2] ओडिया में 'परांग' शब्द का समान अर्थ होगा पहाड़ी इलाका, क्षेत्र या बंजर भूमि। इसलिए बेशक यह खोर्धा के अनुर्वर इलाके की ओर इंगित करता है। इतिहासकार मनमोहन चक्रवर्त्ती के द्वारा उल्लिखित परांग प्रदेश की खोर्धा के साथ समानता नजर आती है, जहाँ मंदिर मालिनी शहर भुवनेश्वर और उसके साथ सटे हुए खंडगिरि-उदयगिरि की गुफा अंतर्भुक्त है।[3] खोर्धा के खोलपाल ग्राम में कभी विक्रम सिंह शासन कर रहे थे।[4] और

उन्हीं के समय में वहाँ रामचंद्र देव का आविर्भाव हुआ था।

भोई वंश के दनेई विद्याधर, जो कि गजपति गोविंद विद्याधर और उनके उत्तराधिकारियों के समय से प्रधानमंत्री थे, उनके पुत्र थे रामचंद्र देव। गजपति चक्रप्रताप के समय में वह यानी दनेई विद्याधर बहुत प्रभावशाली और शक्तिशाली थे, पर चक्रप्रताप के बाद उनके उत्तराधिकारी नरसिंह जेना ने दनेई विद्याधर को पद से हटाकर उनकी जगह मुकुंद हरिचंदन को पदासीन किया। इस बात पर दनेई विद्याधर के विद्रोह करने पर उन्हें बंदी बना लिया गया। उनके पुत्र रमेइ राउतराय को भी मुकुंद हरिचंदन ने दक्षिण में राजमहेंद्री दुर्ग में बंदी के रूप में रोक रखा था। इसी प्रक्रिया में, मुकुंद हरिचंदन ने राजगद्दी के सारे दावेदारों की हत्या कर अपने को ओडिशा का राजा, मुकुंद देव के तौर पर घोषित कर दिया। गद्दी पर बैठने के बाद मुकुंद देव, जो दक्षिण इलाके के होने के चलते जनता में तेलेंगा मुकुंद देव के नाम से भी जाने जाते थे, मुगल-अफगान संघर्ष में घिर गए थे। उनकी हालत तब और भी गंभीर हो गई, जब उन्हें आंतरिक विवाद का सामना करना पड़ा। करद राजा रामचंद्र भंज ने विद्रोह कर दिया और जाजपुर के पास गोहिरा टिकिरी की लड़ाई में मुकुंद देव की मौत हो गई। उसके बाद सन् 1568 में ओडिशा को बंगाल के सुलतान ने अपने कब्जे में कर लिया और यह बहुत ही दुर्भाग्यपूर्ण था कि जब ओडिशा पर बाहर की ताकतों का हमला हो रहा था। उस समय उसके राजा और मुखिया आपस में मिलकर शत्रु के विरुद्ध संगठित होने की बजाए आपस में ही विवाद में उलझे रहे। सन् 1568 में अफगानों की ओडिशा पर जीत एक सामरिक काररवाई तक सीमित थी। सुलतान सुलेमान करान्नी ने अपनी जीवितावस्था में ओडिशा में अपनी स्थिति को मजबूत करने में किसी भी प्रकार का कोई महत्त्वपूर्ण कदम नहीं उठाया था। सन् 1573 में उनकी मौत हो गई। उधर मुकुंद देव के निधन के बाद मुसलिम सेनापति कालापहाड़ द्वारा ओडिशा में लूटपाट, मंदिर और देव मूर्तियों को नष्ट करने जैसे निष्ठुर कार्यों की शुरुआत हो गई थी। वैसे बहुत से लोग इसकी सत्यता पर संदेह व्यक्त करते हैं। फिर भी हिंदू मंदिरों के ध्वंस किए जाने की बात को अस्वीकार नहीं किया जा सकता।

सन् 1573 में मुकुंद देव की मृत्यु के बाद, दनेई विद्याधर के पुत्र, रमेइ राउतराय कारागार से मुक्त हुए। उसके बाद दक्षिण की कई गोष्ठियों के नेताओं द्वारा संकल्प लेते हुए उन्हें रामचंद्र देव नाम से उपाधि देकर ओडिशा का राजा घोषित किया गया[5] और उनकी मदद से उन्होंने कोटम दुर्ग में राजा के रूप में तीन साल तक शासन किया। उन्हीं से 'भोई वंश' नाम से एक नए राजवंश की शुरुआत हुई।

गोलकुंडा के सुलतान इब्राहिम कुतुब शाह ने सन् 1571 में ओडिशा पर आक्रमण कर गोदावरी नदी से लेकर चिलका झील तक के सारे इलाके को अपने कब्जे में कर लिया। यह घटना ने निश्चित तौर पर रामचंद्र देव को उत्तर दिशा की ओर चले जाने के लिए मजबूर किया होगा। संभवतः वे ओडिशा की राजधानी कटक को अपने अधिकार में करने का उद्‌देश्य लेकर अपने कुछ अनुगामियों के साथ आगे बढ़े थे, पर उसी समय अफगानों के कब्जे में कटक होने की बात उन्हें पता चली, जिसके पश्चात् उन्होंने बरुणेइ पहाड़ के नीचे अपना स्थायी ठिकाना बनाने का निर्णय लिया। कटक और पुरी के बीच स्थित खोर्धा में एक दुर्ग का निर्माण कर उन्होंने दूरदर्शिता का परिचय दिया।[6] इसी प्रक्रिया के दौरान वहाँ के देशीय सौरा संप्रदाय के मुखिया भालविक्रम सिंह से खोर्धा की बंजर भूमि पर अधिकार करने में सफलता हासिल की और इस तरह एक राज्य को प्रतिष्ठित करने के कार्यक्रम की शुरुआत हुई।[7] उस समय उस इलाके के प्रभावशाली मुखिया, जैसे, 'गोड कोकल' के बाघ पात्र, 'घोड़ाड़िया' के झाडू परिड़ा और 'मलिपड़ा' के सरणि पात्र ने उनकी विशेष सहायता की थी। बरुणेइ पहाड़ के पास स्थित छोटा गाँव खोर्धा, सभी काररवाई का केंद्र बिंदु था और बीतते समय के साथ राज्य राजधानी के रूप में विकसित हुआ था। श्री जगन्नाथ के नाम के अनुरूप नई राजधानी का नामकरण 'जगन्नाथ कटक' रखा गया और कालापहाड़ के देव स्थानों का ध्वंस किए जाने के बाद यहीं पर उन विग्रहों की पहली बार प्रतिष्ठा की गई। इस बाबत 'चकड़ा' पोथी में विस्तृत वर्णन मिलता है, जबकि मादला पंचांग में इसका बहुत ही संक्षिप्त वर्णन है, पर दोनों ग्रंथों में विवरण समान

है। श्रीजंग की शिलालिपि में भी रामचंद्र देव के खोर्धा में दुर्ग की स्थापना का उल्लेख मिलता है और 'अकबरनामा' के तीसरे अध्याय में खोर्धा दुर्ग रामचंद्र के सबसे शक्तिशाली दुर्ग के रूप में लिपिबद्ध है, लेकिन राज्य बनने के निर्दिष्ट समय को लेकर इतिहासकारों में मतभेद है, पर चाहे जो हो, खोर्धा को राजधानी बनाकर रामचंद्र अपने राज्य को विस्तृत करने में सक्षम हुए थे। उसके बाद अपने को ओडिशा के गजपति राजा के रूप में घोषित करते हुए उन्होंने अपनी संहिता का भी प्रचलन किया था। शुरुआती दौर में अपनी स्थिति को सुदृढ़ करने में और जनता का समर्थन और विश्वास पाने में उन्हें कठिन परिश्रम करना पड़ा था। एक विशेष घटना के तहत सन् 1582 में मुगल सम्राट् अकबर के राजस्व मंत्री टोडरमल के द्वारा भू-बंदोबस्त का आरंभ किया गया। मुगलों के द्वारा सीधे तौर पर शासनाधीन क्षेत्रों को 'मुगलबंदी' कहा गया और फिर इसी बंदोबस्त में खोर्धा के भोइ राजवंश को स्वीकृति मिली। टोडरमल ने रामचंद्र देव को एक स्वाधीन राजा के रूप में स्वीकार किया था।

राजगुरु का समर्थन

रामचंद्र देव के सत्तासीन होने के बाद, कवि डिंडिम जीवदेवाचार्य के सुपुत्र श्रीवर्धन महापात्र ने उनकी प्रभुता को स्वीकार किया और राजगुरु पद पर उनकी नियुक्ति हुई। कवि डिंडिम जीवदेवाचार्य के पूर्वपुरुष पीढ़ियों से सोम, गंग और सूर्य राजवंश के राजगुरु पद पर आसीन होते रहे। वर्धन महापात्र ने ब्राह्मणों को राजा के सपक्ष में करने में अहम भूमिका निभाई थी। उन्होंने बरुणेइ पहाड़ के नीचे देवी-देवताओं के आशीर्वाद की कामना करते हुए अनेक पूजा और धर्मानुष्ठान का आयोजन किया था।[10] राजगुरु के सहयोग और मदद से राजा का गौरव, प्रतिष्ठा और समर्थन की नींव मजबूत हुई थी। नए गठित राज्य को सशक्त करने में रामचंद्र देव ने जी-जान से कोशिश की। उनके कुछेक उल्लेखनीय कामों में से पाँच ब्राह्मण शासित इलाका भी एक है।[11] आमतौर पर राजाओं के आदेश पर राजधानी के पास के इलाके में ब्राह्मण शासन स्थापित किया जाता था। खोर्धा के राजा ने भी अपनी

स्थिति को सुदृढ़ करने के उद्देश्य से ब्राह्मण शासन स्थापन किया था। एक महत्त्वपूर्ण घटना के चलते रामचंद्र देव ने ब्राह्मण शासन, पुरी के समीप और पुरी–खोर्धा को जोड़ रही सड़क के बगल में स्थापित किया था। इस शासन प्रतिष्ठा का उद्देश्य स्पष्ट था। पुरी के अंदर खोर्धा के राजा की स्थिति को सुदृढ़ करना, खोर्धा को प्रशासनिक और पुरी को धार्मिक केंद्र स्थल के रूप में सुरक्षित रखने के लिए यह उनका एक सुपरिकल्पित प्रयास था।[12]

पुरी मंदिर में विग्रहों की पुनर्स्थापना

राजसिंहासन पर बैठने के बाद रामचंद्र देव गंभीर प्रयास के साथ पुरी मंदिर में श्री जगन्नाथ, बलभद्र और सुभद्रा के विग्रहों को फिर से प्रतिष्ठित करने में सफल हुए थे। देवस्थान पर काला पहाड़ के अमानुषिक आक्रमण से पुरी का श्रीमंदिर अपवित्र हो गया था। उनके इस पवित्र कार्य के चलते उन्हें, 'द्वितीय इंद्रद्युम' या 'दुती इंद्रद्युम' पदवी से विभूषित किया गया था।[13] इस तरह की एक ऐतिहासिक घटना के बारे में मादल पंचांग में उल्लेख मिलता है। कालापहाड़ के द्वारा मंदिर के कलुषित होने के कुछ दिन बाद ही विग्रहों को फिर से प्रतिष्ठित करने में समर्थ होने के चलते गजपति रामचंद्र देव का सम्मान और लोकप्रियता काफी बढ़ गई थी। इस बाबत प्रख्यात इतिहासकार केदारनाथ महापात्र का मत गौर करने योग्य है। उन्होंने स्पष्ट तौर पर उल्लेख किया है कि पुरी मंदिर में विग्रहों की पुन:प्रतिष्ठा 17 अगस्त, 1575 को (कार्तिक अष्टादस दिवस, श्रावण शुक्ल दशमी) गजपति रामचंद्र देव के द्वारा संपन्न हुई थी।[14] मादला पंचांग में भी लिखा है कि रामचंद्र देव ने एकादश वर्ष में विग्रहों की पूजा–अर्चना पुनः आरंभ कर दी थी।[15] मंदिर के विवरण में भी उल्लेख मिलता है कि रामचंद्र देव ने पहले अपने शासनकाल के नवें वर्ष में राजधानी खोर्धा में विग्रहों को स्थापित किया था, फिर उसके दो साल बाद एक भव्य उत्सव का आयोजन कर पुरी के श्रीमंदिर में रत्नसिंहासन में उनकी पुनः प्रतिष्ठा कराई। उसी समय मंदिर के प्रतिष्ठाता किंवदंती पुरुष राजा इंद्रद्युम के नामानुसार रामचंद्र देव को 'द्वितीय इंद्रद्युम' सम्मान से भूषित किया गया।[16]

राज्य सशक्तीकरण

रामचंद्र देव दक्षिण में स्थित अपने प्रतिद्वंद्वी नरसिंह बाहुबलेंद्र के उद्देश्य के विषय में संपूर्ण रूप से अवगत थे। नरसिंह बाहुबलेंद्र, मुकुंद देव के सौतेले भाई थे और अपने को गजपति सिंहासन का उत्तराधिकारी होने का दावा कर रहे थे। इसलिए उनकी योजना को विफल करने और सिंहासन पर अपना निरंकुश अधिकार साबित करने के लिए, रामचंद्र देव ने विग्रहों को खोर्धा से लाकर पुरी में संस्थापित किया[17] और उसी साल एक और घटना के तहत मुकुंद देव के एक पुत्र सिंहासन पर अपना अधिकार साबित करने के लिए दिल्ली जाकर मुगल दरबार में उपस्थित हुए।[18] बाद में नरसिंह बाहुबलेंद्र राजमहेंद्री और कलिंग दंडपाट के शासक हो सके थे, पर उनके पुत्र और उत्तराधिकारी मुकुंद राज कुतुबशाह के विरोध में घोषणा कर दी, लेकिन सेनापति अमीन उलमुल्म के हाथों पराजित होकर भागकर रामचंद्र देव के राज्य में आश्रय लिया, इसलिए अमीन उलमुल्म ने खोर्धा पर आक्रमण कर दिया। इस लड़ाई में खोर्धा के राजा रामचंद्र देव के मित्र, मुगल सम्राट् अकबर के राजपूत सेनापति मधुसिंह ने विश्वासघात किया था, पर खुशी की बात यह थी कि इस मुश्किल घड़ी में संबलपुर के चौहान राजा बलराम देव खोर्धा के राजा की सहायता के लिए आगे आए थे और रामचंद्र देव गोलकुंडा सेना को वंशधारा नदी के दूसरी तरफ तक खदेड़ने में सक्षम हुए थे।[19] पर रामचंद्र देव सेनापति मधुसिंह के विश्वासघात को भूल नहीं पाए। बाद के दिनों में जब सन् 1592 में अकबर के दूसरे राजपूत सेनापति मानसिंह ओडिशा में अफगानियों के विरुद्ध लड़ाई के मैदान में उतरे, तब रामचंद्र देव ने अफगानियों का समर्थन किया था, पर इस लड़ाई में अफगान सेना पुरी तरह से पराजित हुई थी। इस जीत के बाद मानसिंह ने पुरी जाकर पूजा–अर्चना की थी, पर उनकी इस यात्रा के समय राजा रामचंद्र देव ने व्यक्तिगत तौर पर उपस्थित होकर उनसे भेंट करना उचित नहीं समझा। मानसिंह खोर्धा राजा द्वारा हुई इस उपेक्षा को सहजता से स्वीकार नहीं कर पाए थे। उनकी सेना ने तुरंत खोर्धा को घेर लिया था, पर सम्राट् अकबर ने मानसिंह की इस कारखाई को समर्थन नहीं

दिया और इस तरह की बदले की काररवाई में अपनी शक्ति व्यर्थ न करने का निर्देश दिया था। इसके बाद मानसिंह ने राजा रामचंद्र देव के साथ वैध रूप से युद्ध विराम के अनुबंध-पत्र पर दस्तखत किए थे। श्रीमंदिर में फिर से पूजा-अर्चना की शुरुआत करके राजा रामचंद्र देव सभी के श्रद्धा के पात्र होने के साथ-साथ अपने को अकबर के पूर्व मित्र मुकुंद देव के योग्य दामाद के रूप में प्रतिष्ठित कर पाए थे।[20] ओडिशा में अफगान और गोलकुंडा के विपक्ष में रामचंद्र देव निश्चित तौर पर मुगल सम्राट् अकबर के एक शक्तिशाली मित्र के तौर पर बहुत पसंदीदा व्यक्ति थे।[21] राजा रामचंद्र देव ने एक समर्थ, जुझारू शासक के तौर पर अपनी काबिलियत को प्रमाणित किया था और पुरी मंदिर में विग्रहों की पुनः प्रतिष्ठा में अपनी साहसिक और त्वरित काररवाई के लिए समग्र ओडिया जाति से सम्मानित हुए थे। इसीलिए अकबर ने उन्हें गजपति के रूप में स्वीकार किया था और उनकी स्थिति को सुदृढ़ करने के उद्देश्य से उन्हें 'पंचशत सेना के नायक' (Commander of 500) जैसी संभ्रांत पदवी से नवाजा था।[22]

रामचंद्र देव ने खोर्धा राज्य को 71 दुर्ग के जरिए संपूर्ण नियंत्रण में रखा था और परंपरा के तहत 71 करद राजाओं के अधीश्वर भी थे। मुगलों ने उन्हें 'महाराजा' पदवी से भूषित किया था, साथ ही 'मनसबदार' पद प्रदान किया था। मुगलबंदी और गोलकुंडा के बीच स्थित तेरह हजार वर्गमील भूभाग के राजा के रूप में प्रतिष्ठित हो सके थे।[23] वह जगन्नाथ मंदिर के अकेले स्वत्ताधिकारी होने के साथ ही अधीक्षक पद पर भी आसीन थे। रामचंद्र देव ने अपनी तरफ से अकबर की प्रभुता को स्वीकार किया था। पुरी को अफगानों के नियंत्रण से निकालकर मुगल साम्राज्य की अमूल्य संपदा के रूप में घोषित किया गया।

रामचंद्र देव ने मुगल सेनापति मानसिंह के साथ हुए समझौते का ईमानदारी से पालन किया और अपने राज्य का विस्तार नहीं किया। उन्होंने अपनी सारी ताकत राज्य को मजबूत करने में लगा दी। भोइ वंश के शासन की वैधता सिर्फ रामचंद्र देव की शोहरत पर टिकी हुई थी। ओडिया जाति

के ईष्ट देवता की पुरी मंदिर में पुनः प्रतिष्ठा ने उनकी मान्यता और उन पर भरोसे में इजाफा किया था और इसलिए उन्हें मर्यादापूर्ण 'द्वितीय इंद्रद्युम' की उपाधि से नवाजा गया था।[24] किंवदंती आधारित 'ब्रह्म' आविष्कार की घटना ने उनकी प्रतिष्ठा और ख्याति को कई गुना बढ़ा दिया था।[25] विदित है कि देवस्थान के विध्वंसकारी कालापहाड़ ने श्री मंदिर से विग्रहों को ले जाकर आधी जली अवस्था में गंगा में फेंक दिया था। बिशर महांति नाम से एक ओडिया ने उन आधे जले विग्रहों के शरीर से पवित्र पदार्थ (ब्रह्म) को निकालकर अपने गाँव कुंजग में बहुत दिनों तक सुरक्षित रखा। आखिर में श्री जगन्नाथ के स्वप्नादेश पर रामचंद्र देव बिशर महांति से ब्रह्म को ले आए। उन्हें यह भी सपना आया था कि विग्रहों का पुनः निर्माण कर उसमें ब्रह्म को स्थापित करें। जगन्नाथ के द्वारा रामचंद्र को आदेश मिलने के परिणामस्वरूप भी वह अपने को आम जनता में गजपति के रूप में स्वीकृत करा पाए थे।[26] राष्ट्रदेवता जगन्नाथ को ओडिशा राज्य को समर्पित करने से ओडिशावासियों के बीच एक सकारात्मक प्रभाव नजर आया था। गंगवंश और सूर्यवंश के समय से ही श्री जगन्नाथ को राष्ट्र देवता के रूप में मान्यता प्राप्त थी। इससे यह अनुमान किया जा सकता है कि पुरी और जगन्नाथ मंदिर पर प्रभुता जाहिर करनेवाले राजा को ही गजपति के रूप में स्वीकृति मिलती थी। पुरी जैसे एक मंदिर मालिनी नगर पर अधिकार कर रामचंद्र देव ने अपनी राजनीतिक स्थिति को सुदृढ़ किया था।[27] ओडिशा के इतिहास में यह एक विरल संघटन की घटना थी।

संदर्भ–

1. ए.बी. मोहंती (ed.), मडाला पणजी (Rajbhog Itihasa) Prachi edition, 1940, पृ. 62। 11 (yahaan roman mein hai) Kataka means camp or town.
2. "कटक पश्चिमी पारंगा खोर्धा स्थित कटक" एस. पटनायक, Srijunj inscriptions,Journal of Orissan Academy, Vol.111, (Cuttack, 1937-1938) पृ. 21–31
3. एम.एम. चक्रवर्ती, Notes on Geography of Orissa in the 16th

century, Journal of Asiatic Society of Bengal, Vol....Calcutta 1916, पृ. 29-56

...Dandapata is the Hindu name of the province.

4. This may be identified with the village Palla about two miles from Khurda town.
5. Gotam can be identified with Kotam in the modern Vizagpatnam district of Andhra Pradesh. Gotam of Chakada or Totami of मडाला पणजी appears to be the same.
   It may also be identified with Veergotam in the district of Vizag Patnam in Andhra.
6. केदारनाथ महापात्र, खोरदा इतिहास (भुवनेश्वर 1969), पृ. 7
7. सुधाकर पट्टनायक, चकड़ और चयनी चकड़, कटक, 1959, पृ. 5-6
8. (a) Kokkola is the same as Garh Kokkola lying to the east of Chilika lake near the confluence of the Bhargabi river
   (b) Ghodadia can be identified with the village Ghoradia near Delang railway station
   (c) मालीपाडा is a village, about 9 miles from Khurda. It is an old fort. हरे क्रूशना महताब (Hare Krushna Mahtab), The History of Orrisa, vol. ... (Cuttack, 1960), पृ. 457-468
9. ए.बी. मोहंती (ed.) मडाला पणजी, op.cit, पृ. 62
10. चक्रधर महापात्रा, Utkal Itihasara eko Angyata Adhyaya, Odiya, (कटक, 1969), पृ. 60
11. मडाला पणजी, op.cit, पृ. 64
12. एच. कूल्के, The struggle between the Rajas of Khurda end the Muslim Subahdars of Cuttack for dominance of the Jgannath temple, in A. Eschmann (ed.) The cult of Jgannath and the rigional tradition of Orissa, (दिल्ली, 1978), पृ. 327
13. मडाला पणजी, op.cit, पृ. 63
14. केदारनाथ महापात्रा, खोरड़ा इतिहास, (भुवनेश्वर,1969), पृ. 12
15. मडाली पणजी, op.cit, पृ. 62
16. वही, पृ. 63
17. एच. कूल्के, op.cit, पृ. 326
18. मडाली पणजी, op.cit, पृ. 63
19. हरे क्रूशना महताब, The History of Orissa Vol.., op.cit, पृ. 458
20. H.Kulke,op.cit,p.327.
21. वही

22. एन-ए-अकबरी, खंड''', पृ. 548
23. के. कूल्के, op.cit, पृ. 328
24. वही
25. वही
26. वही
27. वही, पृ. 329

3

ब्राह्मण शासन और राजगुरु परंपरा

दिग्विजयी सम्राट् महामेघवाहन ऐर खारबेल का समय (ईसा पूर्व पहली शताब्दी) ओडिशा इतिहास का एक स्वर्णिम अध्याय था। उसके बाद के समय में विभाजन के कारण, उत्कल कई टुकड़ों में बँट गया और अनेक छोटे-छोटे आंचलिक राज्य अस्तित्व में आए। एकादश शताब्दी में सोम वंश के शासन के समय पश्चिम ओडिशा के दक्षिण कोशल और मध्य ओडिशा मिलकर एक हुआ, जिससे फिर से एक विशाल ओडिशा का गठन संभव हुआ। उसके बाद गंग राजत्व के समय कलिंग के मध्य और उत्तर ओडिशा से मिल जाने से इसके आकार में वृद्धि हुई। सूर्यवंशी गजपति प्रतापरुद्र देव की मृत्यु के बाद विशाल ओडिशा साम्राज्य की स्थिति कमजोर होने लगी। ओडिशा फिर एक बार खंडन-विखंडन का दर्शक बना। भौगोलिक विसंगति के बावजूद कई सौ साल तक बरकरार रहनेवाले विशाल साम्राज्य की सत्ता, बदलते राजनीतिक परिदृश्य के चलते छिन्न-भिन्न हो गई।

ओडिशा के छोटे-छोटे राज्य समूह हिंदू राजाओं के द्वारा प्रत्यक्ष शासित होते थे। कहीं-कहीं किसी शक्तिशाली राजा के प्रति वे अपनी वफादारी व्यक्त करते थे। ब्राह्मण शासन द्वारा घिरे हुए राज्य के केंद्र बिंदु थे ये राजा। समाज में विधिपूर्वक एक संभ्रांत पृष्ठभूमि गठन करने के उद्देश्य से यह ब्राह्मण शासन, राजा के स्पष्ट निर्देश में स्थापित किया जाता था। ब्राह्मण संस्कृत भाषा के विद्वान् थे और हिंदू धर्मशास्त्र और पवित्र ग्रंथ की व्याख्या, तरजुमा कर अपनी विद्वत्ता के बलबूते पर राज्य में अखंड प्रभुता का विस्तार करते थे।

आंचलिक राज्य समूह सिलसिलेवार महाभारतीय शिक्षा केंद्रों के संपर्क

में आ रहे थे।[1] वैसे यह सारे छोटे-छोटे राज्य ब्राह्मणों के प्रमुख सहयोग के द्वारा लंबी प्रक्रिया में अपने को सुदृढ़ कर चुके थे।[2]

पुराने समय में ब्राह्मणों को भूदान देने का चलन था। आमतौर पर राजपुरोहित और राजाओं के द्वारा अनुगृहीत व्यक्तियों को यह दान प्रदान किया जाता था। मंदिर और मठों को भी अपने सार-सँभाल के लिए यह उपलब्ध था, पर समय के बीतने के साथ-साथ इस प्रथा में बदलाव आया। विशाल ब्राह्मण गोष्ठी और कहीं-कहीं कई सौ ब्राह्मणों को सुनियोजित तरीके से राज्य के राजनीतिक केंद्र के निकट स्थायी रूप से बसाने के लिए प्रयत्न आरंभ हो गया था।[3] नीतिशास्त्र और तत्त्वविशारद ब्राह्मणों की प्रत्यक्ष सहायता और सहयोग से अंदरूनी और विदेशी राज्य विरोधी शक्तियों का मुकाबला करने के उद्देश्य से उन्हें यह दान दिया जाता था।[4]

विदित हो कि विख्यात राजा ययाति केसरी के समय में भारत के अलग-अलग प्रांतों से प्राचीन वैदिक ब्राह्मणों का आगमन होने लगा था। उन्होंने जाजपुर के दशाश्वमेध यज्ञ में हिस्सा लेने के लिए दस हजार नैष्ठिक कनौज (कान्यकुब्ज) ब्राह्मणों को आमंत्रित किया था। पहले पर्याय में आए कान्यकुब्ज ब्राह्मणों में से कई अश्वमेध यज्ञस्थल पर स्थायी रूप से बस गए थे। यह था सोमवंशी राजाओं द्वारा ब्राह्मणों की गोष्ठी के सुपरिकल्पित पुनर्वास प्रक्रिया का एक नमूना।[5] सच यही है कि इन ब्राह्मणों का पुनर्वास सोची-समझी काररवाई थी। भौम शासकों की मदद से जागृत तंत्र प्रथा के विरोध में ब्राह्मणों के अस्तित्व को कायम रखने की राह आसान हो गई थी और राष्ट्र प्रशासन के साथ जुड़े हुए नीतिनिपुण ब्राह्मण गोष्ठी को महत्त्व देते हुए स्थानीय सामंतवादी शक्ति के प्रभाव को दूर करने का प्रयास किया गया था।[7] गंग वंश के राजत्व के समय श्रीजगन्नाथ ओडिशा के राष्ट्रदेवता के रूप में पूजे जाने लगे। सूर्यवंश के राजत्व में भी यह परंपरा कायम रही।

ओडिशा के राजाओं की सर्वमान्यता पुरी मंदिर और जगन्नाथ के साथ उनके दृढ़ संबंध पर आश्रित थी। मंदिर का निर्माण और अपने राज्य को श्री जगन्नाथ को समर्पित करने से पुरी एक प्रसिद्ध तीर्थस्थान में स्थापित हो गया।

भारत के हर प्रांत के तीर्थयात्रियों के लिए पुरी आकर्षण का केंद्र बन गया। बीतते समय के साथ राजा अपने को समग्र विश्व के परमेश्वर (Lord of the Universe) के प्रतिनिधि या संतान के रूप में विवेचित करने लगे। सूर्यवंशी राजाओं ने श्रीजगन्नाथ को अपने मुखिया के रूप में मान्यता दी थी। कपिलेंद्र गजपति ने बलपूर्वक सिंहासन पर कब्जा कर ओडिशा में सूर्यवंश राजत्व का आरंभ किया और घोषणा की कि उन्होंने जगन्नाथ को साक्षी बनाकर उनके सेवक के रूप में यह कार्य किया है। उनके विरुद्ध जाना एक तरह से जगन्नाथ से द्रोह करना है, इस बात का उन्होंने कई अलग-अलग शिलालेखों में भी उल्लेख किया है। श्री जगन्नाथ को राज्य के राष्ट्रदेवता की मान्यता प्रदान करने से राज्य में पुरोहित गोष्ठी अपना अधिकार बढ़ाने लगी। वे अपने को जगन्नाथ का सेवक मानते थे।

राजा पुरुषोत्तम देव ने सबसे पहले मंदिर के नीति-नियमों को तरतीब से लिपिबद्ध किया। पूजकों के हर दिन के कार्यकलाप का विस्तृत नियम बनाने के पीछे उद्देश्य यह था कि उन्हें ठीक से अपने नियंत्रण में रखा जा सके, पर गजपति पुरुषोत्तम का यह उद्देश्य सफल नहीं हो पाया। इसलिए उन्हें कुछ दूसरे उपायों का सहारा लेना पड़ा, जिसमें एक था ब्राह्मणों का संरक्षण करना। गजपति को पूरा विश्वास था कि पुरी जगन्नाथ के सेवक, पूजकों के प्रभाव को कम करने में ब्राह्मण ही सफल हो सकते हैं। पहले भी सोमवंशी और गंग राजाओं की शासन नीति में ब्राह्मणों का संरक्षण महत्त्वपूर्ण विषय था। इसलिए ब्राह्मण शासन की प्रक्रिया शुरू हुई। उसी तरह से कपिलेंद्र देव ने अपने शासन की नींव को दृढ़ करने के लिए ब्राह्मणों के समर्थन और सहानुभूति की जरूरत को महसूस किया था, पर पुरुषोत्तम देव के शासनकाल में इस प्रक्रिया में बहुत सलीका नजर आया। उस समय के ओडिया ग्रंथ 'चकड़ा भसाण' से साफतौर पर अनुमान किया गया है कि पुरुषोत्तम देव ने सोलह ब्राह्मण शासन प्रतिष्ठापित करने की योजना बनाई थी, जिसमें से वे पंद्रह ब्राह्मण शासन बसाने में कामयाब हुए थे। इसके साथ ही उन्होंने ब्राह्मणों को कई करमुक्त जमीन और उपहाए भी दिए। उस समय ब्राह्मण पुरी मंदिर के

पूजकों के अत्यंत प्रभाव को सह नहीं पा रहे थे, जिसके चलते उन्होंने गजपति पुरुषोत्तम देव की श्री जगन्नाथ की वार्षिक नीति–नियमों की तालिका तैयार करने में सहायता की थी।

सूर्यवंशी गजपति ब्राह्मणों की बहुत उदारता के साथ सहायता करते थे। उन्हें उपहार देना, दान में करमुक्त जमीन देना आदि को वे धार्मिक कर्म मानते थे। जगन्नाथ मंदिर की सन् 1459 में लिखी गई शिलालिपि के अनुसार गजपति कपिलेंद्र देव ने जनता के सामने घोषणा की थी कि उनके पास जो भी मूल्यवान् वस्तु हैं, वे सब ब्राह्मणों को दे देंगे। ब्राह्मण शासन की प्रतिष्ठा करना धर्म का काम माना जाता था। सूर्यवंशी शासन के समय ब्राह्मणों ने समाज, प्रशासन, धर्म और शिक्षा के क्षेत्र में अपने अखंड प्रभाव का विस्तार किया था।

गंग और सूर्यवंश के राजत्व के समय में जगन्नाथ धर्म ने सर्वभारतीय स्तर पर सर्वोच्च स्थान प्राप्त किया था। राजकीय सरपरस्ती के चलते जगन्नाथ संस्कृति का प्रभाव, प्रसार कई गुना बढ़ गया था। इसके साथ ही ब्राह्मणों से अलग पूजक और सेवकों की क्षमता में भी बढ़ोतरी हुई थी[7], पर यह भी सच है कि बाद के दिनों में सर्वभारतीय स्तर पर जगन्नाथ धर्म का बहुत प्रसार होने के कारण मंदिर के पूजक और सेवकों का सम्मान कम होने लगा था, यह एक ऐतिहासिक विडंबना थी।[8] गंग शासन के समय में जगन्नाथ संस्कृति पूरे भारत में स्वीकृत हुई थी और भारत के कोने–कोने से तीर्थयात्री पुरी जगन्नाथ के दर्शन के लिए आने लगे थे। उनका विश्वास था कि श्रीमंदिर ब्राह्मणों की आराधना का स्थान है, जहाँ विग्रहों की ब्राह्मणों के द्वारा उन्हीं के नीति–नियमों के तहत पूजा की जाती है, इसीलिए इस सर्वभारतीय मानसिकता को सम्मान देने के लिए ब्राह्मणों की उपासना पद्धति के कुछ अंश का अनुसरण करना आवश्यक हो गया था।[9]

सूर्यवंशी गजपति कपिलेंद्र देव ने पंचदश शताब्दी में पुरी के निकट सबसे पुराने ब्राह्मण शासन कपिलेश्वरपुर की स्थापना की थी। उनके बाद सूर्यवंशी गजपति प्रतापरुद्र देव ने वीरप्रतापपुर, गोविंद विद्याधर ने वीरगोविंदपुर, चक्र

प्रताप ने रायचक्रधरपुर नाम से ब्राह्मण शासन को प्रतिष्ठित किया था। इसके अलावा भोइ वंश के शासक, उनके परिवारवर्ग और मंत्रियों ने भी कई ब्राह्मण शासन को स्थापित किया। राजा या कोई प्रभावशाली व्यक्ति जब इस तरह के एक बौद्धिक केंद्र या शासन की प्रतिष्ठा करते थे तो वे अपने नाम को लंबे समय तक चलाने के साथ-साथ किसी अत्यंत क्षमतावान सत्ता को तुष्ट करने में भी सक्षम होते थे। बेशक यह कहने में आता है कि जब भी कोई राजा न्यायपूर्वक तरीके से सिंहासन पर अधिकार नहीं करता था, तब अचानक इस तरह के ब्राह्मण शासन की संख्या में वृद्धि हो जाती थी।[10]

ब्राह्मणों के लिए बनाई गई बस्ती को 'शासनग्राम' कहा जाता था। ये सारे ग्राम प्रशासनिक आदेश पर स्थापित होते थे, इसी के चलते इस तरह से उनका नामकरण किया जाता था।[11] इस तरह के शासनग्राम में राजगुरु वंश के सदस्यों को 'सामंत' कहा जाता था। राजगुरु वंश के साथ संबंध और पारंपरिक प्रशासन का हिस्सा होने के नाते, समाज में सामंत ब्राह्मणों की प्रतिष्ठा और मान-सम्मान ज्यादा था। पुरी के शासक ब्राह्मण राज्य की सुरक्षा और जगन्नाथ धर्म के प्रचार-प्रसार के लिए सतत प्रयासरत थे। महाप्रभु की जीवित प्रतिमूर्ति थे राजा और कहीं-कहीं राजा के बदले राजगुरु।[12] इसलिए एक तरह से वे राजा की हुकूमत का विस्तार करने में सहायक होते थे। मंदिर की चारदीवारी के भीतर स्थित मुक्तिमंडप शासन करनेवाले ब्राह्मणों के सम्मिलित होने का स्थल था और आज भी यह एक शक्ति केंद्र के रूप में काम कर रहा है।[13] सोलह स्तंभ युक्त इस मुक्तिमंडप का हरेक स्तंभ एक-एक शासन का प्रतिनिधित्व करता है। कहा जाता है कि यह स्थान, मंदिर की स्थापना के समय यज्ञ वेदी की तरह काम में लाया गया था। उसके बाद वहीं पर वैदिक ब्राह्मण नियमित एकत्रित होकर विचार-विमर्श करते थे और राजा एवं राज्यवासियों को धार्मिक, सामाजिक, राजनीतिक समस्या पर अपनी सुचिंतित राय देते थे, साथ ही पवित्र धर्म ग्रंथ के विषयों पर आलोचना-समालोचना करते थे।[14]

भौम राजाओं ने जाजपुर और बाणपुर में, सोमवंशी शासकों ने कोणार्क

और भुवनेश्वर में और गंग राजाओं ने कटक के पास के इलाके में अनेक ब्राह्मण शासन स्थापित किए थे।[15] अब तक मिले कई ताम्र फलक से स्पष्ट पता चलता है कि अलग–अलग समय में राजाओं ने ब्राह्मणों को उनकी प्रज्ञा और पांडित्य के लिए कई तरह की सुविधा और सुयोग औपचारिक तौर पर प्रदान किया था। उनके लिए करमुक्त जमीन उपयोग करने की व्यवस्था की थी। जिस राज्य में पूजा–पूज्य का आदर–सत्कार किया जाता है, वहीं विकसित होता है सुशासन और समृद्धि। उस समय ओडिशा में प्रचलित ब्राह्मण शासन की प्रथा भारत में और कहीं प्रचलित नहीं थी।[16] किसी एक पवित्र यज्ञानुष्ठान की समाप्ति के बाद, उस यज्ञ स्थल के आस–पास के इलाके को कुछ विख्यात ब्राह्मणों को अकारण दान कर दिया जाता था। इसी क्रम में शासन ग्राम की शुरुआत होने लगी। वैसे यह दान बिना शर्त के नहीं होता था। अगर कोई दान स्वीकार करनेवाला किसी कुकर्म या गैरकानूनी कार्य में लिप्त पाया जाता था, तो उसे शासन से बेदखल कर दिया जाता था।[17]

ओडिशा में मुसलिम शासन की शुरुआत होने के बाद कटक को राजधानी का दर्जा मिल गया और उसके पास के सोलह शासन ने अपनी प्राथमिकता गँवा दी थी। इसीलिए गजपति रामचंद्र देव ने हिंदू धर्म की पुनर्स्थापना करने के प्रयास के तहत मंदिर मालिनी पुरी के पास के इलाके में सोलह शासन स्थापित करने के बारे में सोचना शुरू किया था, पर अपने इस लक्ष्य को प्राप्त करना उनकी सामर्थ्य के बाहर था।[18] स्वाभाविक रूप से इस उद्‌देश्य को पूरा करना उनके उत्तराधिकारियों पर निर्भर था। इस ब्राह्मण शासन को स्थापित करने का अंतर्निहित लक्ष्य था भोइ राजाओं की सामाजिक स्थिति को सुदृढ़ करना। इसके कारण समाज में एक संगठित और समर्पित उच्च वर्ग का गठन होने लगा, जो राजाओं को उदारता के साथ अपना समर्थन देने के साथ–साथ उनके प्रति पूर्ण रूप से ईमानदार रहते थे। गजपति रामचंद्र देव ब्राह्मणों के पृष्ठपोषक थे। खोर्धा और पुरी में उन्होंने ऐसे अनेक शासन की स्थापना की थी। गजपति परंपरा के योग्य दायाद के रूप में अपने को स्थापित करने के लिए और स्वप्रभाव को बलवत्तर करने के उद्‌देश्य से उन्होंने श्री जीउ की पूजा–अर्चना के पुनर्विधान

और ब्राह्मणों को संतुष्ट करने की नीति को अपनाया था।

सामंत ब्राह्मणों में चार प्रकार के भेद थे, जिसमें वत्सस, नंद और रथ सबसे पुराने माने जाते थे[19], पर 1615 में गो-आत्रेय नाम से एक नई ब्राह्मण गोष्ठी की शुरुआत हुई।[20] पुरी में ब्राह्मण शासन स्थापित होने के दौर में राजा कुछ मनोनीत धर्मनिष्ठ ब्राह्मणों को सामंत की उपाधि से नवाजते थे। इन सामंत ब्राह्मणों का पद बाकी ब्राह्मणों से बहुत ऊँचा था। कारण वे समाज में संभ्रांत मानी जानेवाली एक विशिष्ट गोष्ठी का हिस्सा माने जाते थे। असल में सामंत ब्राह्मण विज्ञ, प्राज्ञ, नीतिनिष्ठ और यज्ञानुष्ठान में प्रवीण थे। निष्कलंक चरित्र और महत गुणों के लिए समाज में उनका एक अलग परिचय था। इसके साथ ही राजाओं पर अपना अखंड प्रभाव डालकर, शासन परिचालन में उनका मार्गदर्शन करते हुए स्वेच्छाचारी और नीतिभ्रष्ट होने की उनकी आदतों पर लगाम लगाने में सक्षम होते थे। ये प्रज्ञादीप्त ब्राह्मण संस्कृत के विद्वान् होते थे, इसलिए महाकाव्य की रचना करने में प्रवीण थे। उनके ज्ञान की सीमा काफी विस्तृत थी और दर्शन, ज्योतिर्विद्या, व्याकरण, आयुर्वेद, समरकला, आध्यात्मिकता, कारीगरी, कृषिविद्या आदि विषयों में वे पारंगत थे।[21] यहाँ यह उल्लेख किया जा सकता है कि अनंगभीम देव के समय में (त्रयोदश शताब्दी के आरंभ में) सोलह शासन और बत्तीस करबाड़ यानी शासन से संलग्न बड़ा गाँव[22] की स्थापना की गई थी।[23] कुछ प्रसिद्ध ब्राह्मणों को निमंत्रित कर इन शासनों में रहने का मौका दिया गया था और उसके साथ ही सामंत की उपाधि से उन्हें नवाजा गया था। अगर कोई सामंत ब्राह्मण अपना दायित्व निर्वाह करने में सक्षम नहीं होते थे या उनका नैतिक पतन होता था, तो उन्हें शासन से निष्कासित करते हुए करबाड़ या फिर जिले में रखा जाता था। शासन की संख्या हमेशा सोलह तक ही सीमित रखी जाती थी यानी एक नया शासन बनते ही स्वाभाविक तौर पर एक पुराना शासन खत्म हो जाता था।

राजगुरु परंपरा

समकालीन प्रशासनिक व्यवस्था में राजगुरु परंपरा का एक मुख्य स्थान

था, उनका व्यापक अधिकार था। शासनतंत्र में राजगुरुओं की क्षमता अखंड और प्रभाव अप्रतिम था। राजा के बाद वही प्रतिष्ठित व्यक्ति माने जाते थे और राजप्रतिनिधि के तौर पर कुछ जिम्मेदारी भी सँभालते थे। उनका पद राजा के प्रधानमंत्री की तरह था।

अड़तालीस (सोलह शासन + बतीस करबाड़) गाँव के लोगों द्वारा और राजा की सहमति से किसी एक व्यक्ति का राजगुरु या प्रधानमंत्री के रूप में चुनाव किया जाता था।[24] यह विश्वास किया जाता था कि जो व्यक्ति राजगुरु चुना जाएगा, वह बहुत प्रतिभासंपन्न होगा और उसकी सच्चरित्रता सवालों से परे होगी। वह असाधारण गुणों के अधिकारी होंगे, जैसे प्रवीण कूटनीतिज्ञ, समाज-संस्कारक, अध्यात्मवादी, बहुभाषाविद्, समरकुशल, विधिविशारद, नीतिशास्त्र आदि में पारंगत होंगे।[25] हालाँकि राजा मंत्री को राज्यशासन में नियुक्त करते थे, पर हर निर्णय राजगुरु के साथ विचार-विमर्श के बाद ही लेते थे। प्रधानमंत्री के तौर पर वे मंत्रिपरिषद् की बैठक में अध्यक्षता करते थे। जगन्नाथ मंदिर प्रशासन के वे मुखिया और मुक्तिमंडप के सभापति होते थे। धार्मिक विषयों पर उनकी राय सबसे ज्यादा महत्त्व रखती थी और राजप्रतिनिधि के रूप में विभिन्न धर्म उत्सव में, यज्ञानुष्ठान में वह अध्यक्षता करते थे। उनकी प्रभुता इतनी ज्यादा थी कि समय-समय पर प्रचलित नीति-नियम पालन करने में कोताही बरतने पर वे राजा को भी फटकार लगाने में पीछे नहीं हटते थे।[26] जरूरत पड़ने पर वे शास्त्र द्वारा अनुमोदित विधि के तहत राजा के आदेश में बदलाव कर सकते थे और राजा को उनके कर्तव्य क्या हैं, बताते हुए उपदेश भी देते थे। जरूरत पड़ने पर वे राजा के साथ जंग में भी जाते थे, जैसे द्वितीय रामचंद्र देव ने जब निजाम की सेना के विरुद्ध लड़ाई के मैदान के लिए कूच किया था, तब राजगुरु परमलक्ष्मी उनके साथ गए थे। युद्ध में राजगुरुओं के प्राण गँवाने का उदाहरण भी मिल जाता है। प्रथम रामचंद्र देव की सहायता करते हुए युद्ध के मैदान में राजगुरु वर्धन ने अपने प्राण गँवाए थे।[27] सन् 1804 तक लड़ाई के मैदान में राजगुरु सेनाध्यक्ष की भूमिका निभाते थे।[28] समर कला में असाधारण निपुणता के लिए उन्हें

'वाहिनीपति' उपाधि से भी विभूषित किया जाता था।

राजा की मृत्यु हो जाने पर जब तक नए राजा का राज्याभिषेक नहीं हो जाता, तब तक राजगुरु राजकाज सँभालते थे। इसलिए उन्हें 'प्रहराज' भी कहा जाता था। राजगुरु या प्रहराज की उपाधि और कहीं दिए जाने का उदाहरण नहीं मिलता।[29] राजगुरु मंदिर में धार्मिक नीति-नियमों का पालन करते समय मर्यादा का प्रतीक सोने से बनी छड़ी हाथ में रखते थे। अपने अधिकार के साथ ही कुछ और सुख-सुविधा का उपभोग करते हुए अलंकारों से भूषित होते थे। दूसरी जगह गश्त पर जाते समय एक निर्दिष्ट पालकी का व्यवहार करते थे, जिसमें सोने का पात्र, रेशम की छतरी होती थी और कई अधिचिह्न से उसे सुसज्जित किया जाता था। उनकी शोभा यात्रा के साथ वाद्य, संगीत का काफिला चलता था।[30] राजगुरु पद के साथ उनके पालन-पोषण हेतु खेती करने के लिए विस्तृत जमीन जागीर के तौर पर दी जाती थी।

शायद राजगुरुओं की नियुक्ति में उम्र की कोई सीमा नहीं थी। धर्मदेव जब पच्चीस साल के थे, तब राजगुरु पद पर आसीन हुए थे। वहीं उनके पुत्र भानुदेव ने अपनी उम्र में पचास के पड़ाव पर राजा दिव्यसिंह देव के समय में राजगुरु का पद ग्रहण किया था, पर अपने निकम्मेपन के चलते भानुदेव को अपना पद गँवाना पड़ा था।

गंगशासन से पहले राजगुरु पद के प्रचलन के विषय में कोई निर्दिष्ट प्रमाण नहीं मिलता है।[31] पर परवर्ती समय में राजनीतिक और शासनतंत्र में अभिवृद्धि और परिवर्तन के साथ राजगुरु राजाओं के मंत्रिपरिषद् में सबसे ऊँचा स्थान प्राप्त करते थे। राज्य के सामाजिक तथा प्रशासनिक विभाग में वे महत्त्वपूर्ण भूमिका निभाते थे। कानून बनाने और उसका तरजुमा करने में राजगुरु की राय सबसे ज्यादा अहमियत रखती थी। गजपति प्रतापरुद्र देव द्वारा रचित 'सरस्वती विलास' के अनुसार कानून-विधान, दंड विधान और समर कौशल की व्याख्या करने में वे सिद्धहस्त थे।

गंगशासन के समय सदाशिव राजगुरु, राजगुरु उत्तम महापात्र, राजगुरु गोपाल देव आदि राजगुरु, राजाओं को उदात्त सहयोग और समर्थन देते थे।

इसी क्रम में गजपति कपिलेंद्र देव के सिंहासन आरोहण के समय राजगुरु लक्ष्मण पुरोहित ने समय रहते उनकी सहायता की थी और इसलिए बाद में राजपरिवार में उनके लिए श्रद्धा और सम्मान बढ़ गया था। राजगुरु त्रिलोचन कविराज, गजपति पुरुषोत्तम देव के शासन के समय एक विशिष्ट पद के अधिकारी थे। समय के प्रवाह में राजगुरु परंपरा में कई अनावश्यक रीति-नीति और कुप्रथा जुड़ती गईं, पर सूर्यवंशी गजपति प्रतापरुद्र देव के समय इस परंपरा ने एक दूसरा ही मोड़ ले लिया। एक साथ तीन राजगुरु की नियुक्ति करना एक अस्वाभाविक परिस्थिति थी। इसलिए शासन में आई अव्यवस्था के कारण धीरे-धीरे राज्य की शक्ति और सामर्थ्य घटने लगी और इसी हालात में विजयनगर के राजा कृष्णदेव राय के द्वारा बार-बार पराजित होकर गजपति प्रतापरुद्र देव अपनी कन्या को विजयी राजा को सौंपने के लिए मजबूर हो गए। कृष्णदेव राय के साथ अपमान भरी संधि और अपने पराक्रमी पुत्र की अकाल मृत्यु से गजपति अंदर से घोर निराशा में डूब गए। जिसके चलते मन की शांति पाने के लिए वैष्णव धर्म के आदर्श और दर्शन में अपने को लीन कर लिया। राजकाज छोड़कर आध्यामिक कर्मकांड के प्रति ज्यादा आग्रही होने लगे। उस समय प्रतापरुद्र देव के राजगुरु थे आचार्य जीवदेव। चूँकि राजा का मानसिक संतुलन स्थिर नहीं था, इसलिए कई बार राजगुरु की उपेक्षा करते हुए वह दूसरों से राय माँगते। काशी मिश्र नाम के एक ब्राह्मण ने राजा पर अपना अखंड प्रभाव स्थापित कर लिया था। इस कारण से काशी मिश्र मौका पाते ही जीवदेव के विरुद्ध राजा के मन में जहर घोलने में बाज नहीं आए, पर अपनी मर्यादा के प्रति सचेत, स्वाभिमानी जीवदेव ने इस दरबारी कूटनीति से न सिर्फ अपने को दूर रखा बल्कि अपने को पूरी तरह से भागवत दर्शन चर्चा में तल्लीन रखा। काशी मिश्र इस जटिल परिस्थिति में भी अपने को दूसरे राजगुरु के रूप में नियुक्त कराने में कामयाब हो गए। लिहाजा तीन राजगुरु की उपस्थिति के चलते प्रशासन अधिक से अधिक अव्यवस्थित और दिशाहीन होने लगा, पर प्रचलित प्रथा को सम्मान देते हुए राजगुरु जीवदेव, गजपति के साथ लड़ाई के मैदान में उनके साथ जाते थे।[32] दूसरी तरफ काशी

मिश्र अपने प्रभाव से प्रशासन को अपनी मुट्ठी में रखकर कार्य करते रहे। काशी मिश्र जैसे क्षमता लोभी के हस्तक्षेप ने ओडिशा के पतन की प्रक्रिया को तेज कर दिया था।

श्री चैतन्य के ओडिशा आगमन से गजपति प्रतापरुद्र देव का राधा-कृष्ण की उपासना के प्रति आकर्षण बहुत बढ़ गया, इसके कारण राज्य शासन में लापरवाही होने लगी और दिशाहीनता की स्थिति नजर आने लगी। काशी मिश्र मुख्य चरित्र के रूप में सामने आकर शासन का नियंत्रण करने लगे। ओडिशा की सेना कमजोर पड़ने लगी। सिर्फ ब्राह्मण शासन और पुरी के श्री जगन्नाथ मंदिर इस वैष्णव धर्म के प्रभाव से मुक्त थे। दूसरी तरफ गौड़ीय-वैष्णव धर्म के प्रभाव को दूर करने के लिए समाज में अनेक जटिल विधि-विधान का प्रचलन होने लगा। प्रतापरुद्र देव की मृत्यु के बाद आपसी ईर्ष्या, द्वेष, षड्यंत्र और क्षमता के लिए संघर्ष का केंद्र बन गया, परिणामत: ओडिशा की अखंडता, सम्मान और योग्यता का विनाश होने लगा।

मुकुंद देव की मौत के बाद उनके पुत्रों को परिषद् ने स्वीकार नहीं किया। यहाँ तक कि राजगुरु वर्धन महापात्र (कवि डिंडिम जीवदेव के पुत्र) को भी स्वीकारा नहीं गया।[33]

जब रामचंद्र देव ने गद्दी सँभाली, तब राजा का स्वागत-सत्कार करने के बाद वर्धन महापात्र राजगुरु पद पर आसीन हुए। यह तथ्य ताड़पत्र पर लिखी गई पांडुलिपि 'दुर्गोत्सव चंद्रिका' की आखिरी पंक्ति से ली गई है और ऐसा माना जाता है कि यह गजपति रामचंद्र देव के नाम से प्रकाशित और श्री वर्धन द्वारा लिखी गई है। वर्धन महापात्र के समर्थन से रामचंद्र देव के राजपद पर स्थापित होने का मार्ग सुगम हो गया था, परंपरा के तहत राजगुरु पद पर आसीन शक्तिशाली कवि डिंडिम के पुत्र को राजगुरु के रूप में स्वीकार करके रामचंद्र देव ने बुद्धिमत्ता और दूरदर्शिता का परिचय दिया था। क्योंकि इसके द्वारा वे ब्राह्मण समाज का समर्थन हासिल कर पाए थे। इससे यह स्पष्ट हो जाता है कि पहले से ही राज्य में राजगुरु का अखंड रुतबा था। यहाँ यह उल्लेख किया जा सकता है कि इसी समय मुकुंद देव के दोनों

पुत्रों ने, अनैतिक तरीके से सत्ता हासिल करने के अभियोग में रामचंद्र देव के विरुद्ध मुगल सम्राट् अकबर के दरबार में एक मुकदमा दायर किया था, पर रामचंद्र देव के पक्ष में राजगुरु का समर्थन होने के चलते यह अभियोग स्वीकारा नहीं गया।

ओडिशा की सेना का पतन होने लगा था। उसकी पुरानी साख को फिर से जीवित करने के लिए राजगुरु वर्धन महापात्र ने महासमारोह से दुर्गा पूजा का पालन करने के परंपरा की शुरुआत की, हालाँकि गजपति कपिलेंद्र देव और पुरुषोत्तम देव के समय से राजमहल में दुर्गा पूजा का पालन किया जाता था,[35], लेकिन उत्कल के सामरिक पराक्रम के प्रतीक के रूप में चतुर्भुजा दुर्गा की सार्वजनिक पूजा-आराधना शुरू करने में वर्धन राजगुरु की अहम भूमिका थी। हर जाति, धर्म, वर्ण के लोग आपस में भेदभाव न करते हुए, उस समय प्रचलित वैष्णव मतवाद की उपेक्षा कर इस मातृशक्ति की पूजा-आराधना में शामिल हो गए। पशु बलि के साथ ही मंदिरों में आमिष नैवेद्य देवी शक्ति को अर्पण किया जाता था। इस अवसर पर बक्सि और पाइक (सेना का प्रकार) अपने अस्त्र-शस्त्र की पारंपरिक रीति-नीति से पूजा-अर्चना करते थे और यह उनकी नैतिक शक्ति बढ़ाने में सहायक हुआ था। 'दुर्गोत्सव चंद्रिका' में वर्णन किया गया विधि-विधान संभवतः सोलहवीं शताब्दी के अंत में जनता की आराधना के माध्यम के रूप में लोगों में स्वीकृत हुआ था। दुर्गा पूजा से ओडिशा वासियों के अंदर जातीयतावाद और स्वाभिमान का बीज अंकुरित हुआ था। धर्म किस तरह से जातीयतावाद को प्रोत्साहित करने में सक्रिय भूमिका निभाता है, यह उसका असली उदाहरण था और फिर ओडिशा पर अंग्रेजों का शासन हो जाने के बाद धीरे-धीरे बंगाल के प्रभाव से दुर्गा की सौम्य दसभुजा रूप की आराधना होने लगी। आखिर में वर्धन राजगुरु गोलकुंडा सुल्तान के साथ आमने-सामने युद्ध करते हुए शहीद हो गए।

दिन-ब-दिन राजगुरु की चयन प्रक्रिया में, ज्येष्ठ को उत्तराधिकारी (Right of Primogeniture) बनाने की परंपरा की शुरुआत होने लगी, हालाँकि यह चयन प्रक्रिया गणतांत्रिक उपाय से सोलह शासन और बत्तीस

करबाड़ के द्वारा संपन्न होती थी, पर गजपति कपिलेंद्र देव के समय में इसमें व्यतिक्रम दिखाई दिया। किसी एक निर्दिष्ट वंश या गोष्ठी से राजगुरु को मनोनीत करने की प्रक्रिया की शुरुआत हुई। स्वाभाविक था कि राजगुरु में जिस दक्षता की आशा की जाती थी, वह उनमें दिखाई नहीं देती थी। सामरिक निपुणता, धार्मिक और प्रशासनिक दक्षता प्रदर्शन में निपुणता दिखाने में असमर्थ होते थे वे। चयन प्रक्रिया वंश या परिवार के अंदर सीमित होने से योग्य राजगुरु का मिलना कठिन होने लगा था।

राजगुरु वर्धन महापात्र की दुःखद मृत्यु के बाद उनके पुत्र बलभद्र महापात्र राजगुरु पद पर आसीन हुए, पर वे अपने पिता के योग्य उत्तराधिकारी नहीं थे। उस समय जनता की दुर्दशा का बयान करना मुश्किल था। प्रभु जगन्नाथ भी इससे नहीं बच पाए थे। पुरुषोत्तम देव के (रामचंद्र देव के पुत्र) कमजोर शासन के कारण जगन्नाथ और जनता के दुःख-दुर्दशा की कोई सीमा नहीं थी। श्री मंदिर कई बार लूट का शिकार हुआ। राजा ने अपनी सुरक्षा के लिए एक-दो बार राज्य छोड़कर किसी सुरक्षित जगह पर आश्रय ले लिया। अंत में पुरुषोत्तम देव ने माणित्रीगढ़ में अपनी आखिरी साँस ली और उसके कुछ दिन बाद मुगल गुप्तचरों ने राजगुरु की हत्या कर दी। मुगलबंदी और खोर्धा की जनता उस समय मुगल सूबेदारों की लूट और अत्याचार का शिकार हुई थी। पुरी का जगन्नाथ मंदिर भी उससे बच नहीं पाया था।

राजगुरु बलभद्र महापात्र की मृत्यु के बाद उनके पुत्र धर्मदेव महापात्र राजगुरु बने। उनके आने से निराश और निष्क्रियता से जकड़े सैनिकों में आनंद की लहर उमड़ पड़ी। इस समय अशातीत रूप से वैष्णव धर्म के प्रचार-प्रसार में कमी आ गई थी। उधर दिल्ली में मुगल सम्राट् शाहजहाँ के सिंहासन पर आसीन होने से खोर्धा के युवा राजा गजपति नरसिंह देव अपने को सुरक्षित महसूस करने लगे थे। अब मुगलों से खासकर कटक में स्थित सूबेदारों से किसी तरह का संकट नहीं था। मुगल शासकों से अपने संबंध अच्छे होने से राज्य में कई विशिष्ट सुधार के कार्य करने में वे सक्षम हुए थे, जो उनके पद और मर्यादा को सुदृढ़ करने में सहायक सिद्ध हुए थे। उन्होंने

पुरी शहर के बालिसाही में, जगन्नाथ मंदिर के दक्षिण में खोर्धा के राजा के उपयोग के लिए एक सुरम्य महल का निर्माण किया था। खोर्धा राजा को 'पुरी राजा' की उपाधि देने की ओर यह एक उचित कदम था। इसी समय राजगुरु को मंदिर के प्रशासक और 'बाड़परिछा' यानी जगन्नाथ मंदिर के मुख्य पुजारी के तौर पर भी नियुक्त किया गया था। नरसिंह देव के समय में विधि-विधान के साथ मंदिर के सारे रीति-रिवाज और दूसरे धार्मिक कार्य पद्धति को विस्तार के साथ संकलित किया गया। राजा और राजगुरु इन नीति-रीति, धर्म-कर्म आदि का पालन करने में महत्त्वपूर्ण भूमिका निभाने लगे।

राजगुरु परंपरा के अगले उत्तराधिकारी थे पचास की उम्र के भानुदेव महापात्र (1688-1714)। प्रशासनिक कार्य में निर्णय लेने में वे कमजोर थे। मादला पंचांग के तहत नरसिंह देव के नवें वर्ष में, तुला सप्तमी के दिन शनिवार, अक्तूबर 1694 के दिन एक भयानक तूफान के कारण श्रीमंदिर का पवित्र नीलचक्र जमीन पर आ गिरा।[35] उसके अगले साल खेती में भारी नुकसान होने के चलते भयंकर अकाल का सामना करना पड़ा ओडिशा को।[36] शासन के 33वें वर्ष, सन् 1715 को राजा दिव्यसिंह देव ने श्रीमंदिर में नीलचक्र की पुनःस्थापना की।[37] उसी समय विपक्ष के सुनियोजित कुप्रचार के शिकार हुए थे राजगुरु भानुदेव। सारी प्राकृतिक आपदाओं के लिए उनको जिम्मेदार ठहराया गया। इस प्रक्रिया में उन्होंने न सिर्फ अपना राजगुरु पद गँवाया, बल्कि प्रधानमंत्री पद पर से भी उन्हें हटना पड़ा।[38] अंत में दिव्यसिंह देव की इच्छा से उनके अनुज गोपीनाथ महापात्र को मुक्तिमंडप ने राजगुरु पद पर आसीन कराने के लिए अपनी सहमति दे दी, पर वे भी कुछ स्वार्थी दरबारियों की कुमति का शिकार होकर राजा की आस्था गँवा बैठे। यहाँ तक कि राजदरबार में उनके प्रवेश पर राजा ने निषेधाज्ञा पारित कर दी थी। अंत में मजबूरन गोपीनाथ महापात्र ने अपने पद और पदवी का त्याग कर दिया। राजगुरु की क्षमता, सम्मान और मर्यादा धीरे-धीरे इतिहास की बात हो गई। राजा दिव्यसिंह देव ने अपने शासन के अंतिम दिनों में खाली पड़े राजगुरु पद पर किसी को भी आसीन करने के लिए मन नहीं बना पाए। उसी के चलते

भानुदेव के पुत्र परमानंद को शासन से निष्कासित होकर 'जनपद' में रहने के लिए मजबूर होना पड़ा था।

दिव्यसिंह देव के भ्राता हरेकृष्ण देव अगले राजा बने। उनके समय में पंडित गदाधर महापात्र राजगुरु बने। उन्हें युद्ध कला का कोई ज्ञान नहीं था। वत्सस* गोष्ठी से प्रचलित प्रथा के तहत राजगुरु की चयन प्रक्रिया की परंपरा हमेशा के लिए खत्म हो गई।

गदाधर 'गो-आत्रेय' सामंत गोष्ठी के ब्राह्मण थे। इससे पहले रथ, नंद, वत्सस यही तीन प्रकार की सामंत गोष्ठी थी, जिसमें चौथी 'गो-आत्रेय' गोष्ठी भी शामिल हो गई। इसी समय परम विद्वान् गदाधर राजगुरु ने अठारह कर्मकांड पद्धति को संकलित किया। यह ओडिशा की सबसे पहली संकलित कर्मकांड पद्धति थी, लेकिन इसके साथ ही कई अनावश्यक और अलगाववादी सामाजिक प्रथा की शुरुआत हो गई, जिसके साथ ही ब्राह्मण गोष्ठी की महत्ता तो बढ़ गई, पर इस सबके चलते आम जनता का जीवन जटिल होने लगा। समाज में अस्पृश्यता जैसी कुप्रथा का प्रचलन नजर आने लगा, जो कि इससे पहले ओडिशा में नजर नहीं आता था।[41]

खोर्धा के राजा द्वितीय रामचंद्र देव (1727-1736) वत्सस सामंत गोष्ठी के परमलक्ष्मी (भानुदेव के पौत्र) को सभी की सम्मति से राजगुरु पद पर आसीन कराया गया, परमलक्ष्मी की विद्वत्ता, साधुता और साहसिकता सारे प्रश्नों के ऊपर थी। द्वितीय रामचंद्र देव के शासन के समय में खोर्धा राज्य मुगलों के बार-बार आक्रमण और लूट का शिकार होकर तहस-नहस हो गया था। इसी अस्थिरता का फायदा उठाकर हैदराबाद के निजाम ने दक्षिण ओडिशा (टिकालि रघुनाथपुर से लेकर चिलका तक का इलाका) को अपने कब्जे में ले लिया। राज्य के इतने बड़े इलाके को गँवाने के कारण राजा का सम्मान काफी घट गया।

हालाँकि राजा और राजगुरु परमलक्ष्मी सेना के साथ सीमा पर तैनात रहकर निजाम की सेना का सामना किया, पर ओडियाभाषी देशीय राज्यों और जमींदारों के बीच एकता के अभाव ने दोनों को दु:खी और हताश कर दिया। ऐसे संकट के समय में समय रहते देशीय राज्य और जमींदारों से कोई

सहयोग, सहायता उन्हें नहीं मिल पाई थी। राजा और राजगुरु दोनों ओडिया जातीयतावाद से बहुत प्रभावित हुए थे। राजा रामचंद्र का अपना सिद्धांत था, 'जातीय एकता ही मुक्ति की आधारशिला है' और इस बात का संभवत उन्होंने अपने हाथों लिखित एक पत्र में, जिसे राजगुरु परमलक्ष्मी के द्वारा, वेणु भ्रमरवर नामक एक मंत्री के नाम भेजा था, उसमें जिक्र किया था।[39] एकता ही शक्ति है और राजा, जमींदार, सामंतों के समग्र सहयोग से ही शत्रु को सटीक जवाब दिया जा सकता है।

जातीयतावाद के उत्थान के लिए राजगुरु परमलक्ष्मी जगह-जगह गश्त करते हुए प्रजा को एकता बनाए रखने के लिए प्रेरित करते रहे। उन्हें दृढ़ विश्वास था कि सिर्फ ओडिया जमींदार और सामंतों के संयुक्त उद्यम से बाहरी शक्ति के आक्रमण और अत्याचार का प्रतिरोध किया जा सकता है। उन्होंने इसी बात को ध्यान में रखते हुए कई राज्यों के साथ संबंध सूत्र बनाकर रखा।[40] यहाँ यह उल्लेख किया जा सकता है कि भाषा आधारित ओडिशा राज्य के गठन के लगभग दो सदी पहले ही यशस्वी, योगी पुरुष परमलक्ष्मी, ओडिया भाषा की एक स्वतंत्र परिचय की परिकल्पना कर पाए थे। आंतरिक कलह और मतभेद का लाभ उठाकर बाहरी शत्रुओं द्वारा ओडिशा पर किए गए आक्रमण ने उन्हें कहीं गहराई तक व्यथित कर दिया था। इसलिए विस्तारवादी और लूट करनेवाली शक्ति का प्रतिरोध करने के लिए उन्होंने ओडिशावासियों में एकता स्थापित करने पर जोर दिया था। जनता को एकजुट होकर स्वदेशी और विदेशी ताकतों का सामना करने के लिए आह्वान किया था। उनका दृढ़ विश्वास था कि व्यक्ति सत्ता से हमेशा ऊपर होता है देश और जातीय महत्त्व।

पर अंत में कुछ स्वार्थी गोष्ठी के निकृष्ट षड्यंत्र का शिकार होकर राजगुरु परमलक्ष्मी ने राजा का विश्वास गँवा दिया। इस तरह की असंगत परिस्थिति से बेजार होकर उन्होंने राज्य का त्याग करने जैसा चरम निर्णय ले लिया। राजा का विश्वास गँवाकर राज्य में रहना अनावश्यक है, ऐसा महसूस किया उन्होंने।[41] उन्होंने पड़ोसी राज्य नरसिंहपुर में बाकी की जिंदगी बिताई थी। द्वितीय रामचंद्र देव के समय में शुरू हुए पतन की प्रक्रिया आनेवाले समय में घोर संकट का कारण बनी।

चारिमाहाल हस्तांतरित

1760 में एक और ऐसी घटना हुई थी, जिसका परिणाम काफी दूर तक हुआ। अपने को गंग वंश का असली दायाद और गजपति होने का दावा करनेवाले परलाखेमुंडी के राजा जगन्नाथ नारायण ने उसी साल खोर्धा पर आक्रमण किया था। इस लड़ाई में खोर्धा के राजा वीरकेशरी देव ने शत्रु का सामना करने में असफल होकर, ओडिशा में तैनात मराठा सूबेदार सिओभट्ट साठे से मदद की प्रार्थना की थी। लड़ाई के खर्च के लिए एक लाख देने का वादा कर मराठा की मदद स्वीकार की थी राजा वीरकेशरी ने। मराठा सेना के हस्तक्षेप के चलते परलाखेमुंडी के राजा जगन्नाथ नारायण देव युद्ध में परास्त हुए थे। खोर्धा राजा तत्काल आनेवाली आपदा से मुक्त जरूर हो गए, पर मराठों के लोभ से खुद को मुक्त करने में असमर्थ रहे। इकरारनामे के तहत एक लाख नहीं दे पाने के कारण मराठों को चार उर्वर परगना (पुरुषोत्तम छत्र) बंधक के रूप में देने के लिए विवश हुए थे। वे चार अरगना थे, लेंबाइ (डेलांग और पिपली थाना अंतर्गत इलाका), राहांग (पुरी सदर थाना इलाका), सराइ (सत्यवादी थाना इलाका) और चबिसकुद (पुरी सदर और ब्रह्मगिरि का कुछ इलाका)। इन सारे परगनों में बहु मूल्यवान संपत्ति, जिसे अमृत मणोहि कहा जाता था, रखी हुई थी, जो जगन्नाथ की रोजमर्रा की सेवा, पूजा और रथयात्रा के लिए खर्च की जाती थी। मराठा शासक सिओभट्ट साठे ने उपरोक्त परगना से राजस्व लेने के अधिकार से भी खोर्धा राजा को वंचित कर दिया था। इकरारनामे के तहत ऋण चुकता होने तक उन इलाकों को मराठों ने अपने कब्जे में किया था, पर कालांतर में हमेशा उन्होंने के लिए इस पर अपने मालिकाना हक का दावा बरकरार रखा। इस तरह से खोर्धा के राजा को अमृत मणोहि यानी सोना उगलनेवाली जागीर से हाथ धोना पड़ा। साथ ही जगन्नाथ मंदिर पर अपना मालिकाना हक और देशीय राज्यों पर से अपना नियंत्रण खोना पड़ा। इन सब कारणों से उनकी साख काफी घट गई थी। लगातार युद्ध और राजस्व की कमी के साथ-साथ ओडिशा में आए भयंकर अकाल ने उसकी हालत को और जर्जर कर दिया। इस प्राकृतिक आपदा में

बहुत जनहानि होने के साथ ही राज्य बेहाल हो गया था।

डॉ. डेविड बी. स्मिथ (David B. Smith) सन् 1868 में बंगाल सरकार के सैनिटरी कमिश्नर थे। उनके द्वारा लिखे गए विवरण, 'A true account of the pilgrimage to Pooree' में ओडिशा के अकाल के बारे में सम्यक सूचना दी गई है। सन् 1866 में पड़े अकाल ने ओडिशा की सामाजिक, आर्थिक व अर्थनीतिक रीढ़ की हड्डी को तोड़ दिया था। उसके दो साल बाद, सन् 1868 में डॉ. स्मिथ रथयात्रा के समय पुरी के दौरे पर आए थे। दौरे से वापस लौटकर उन्होंने बंगाल सरकार को एक तथ्यपूर्ण रिपोर्ट पेश की थी। उसी विवरण से पता चलता है कि चतुर्दश शताब्दी में सूर्यवंशी राजा कपिलेंद्र देव के समय में ओडिशा में एक बहुत बड़ा अकाल पड़ा था।

उस समय चावल के अपनी कीमत से साठ गुना अधिक दाम पर विक्रय होने का अनुमान किया जाता है। पता चलता है कि पंद्रहवीं और सोलहवीं शताब्दी में भी ओडिशा अकाल की चपेट में आया था। उसके बाद 1770, 1774-75 और 1792-93 में भी लगातार इन इलाकों में अकाल पड़ा था। सन् 1770 में आए अकाल से लोगों की दुर्दशा के बारे में लेखक ने, 'Annals of rural Bengal' में सविस्तार वर्णन किया है। इससे पता चलता है कि सन् 1770 के गरमी के मौसम में हर दिन लोग मर रहे थे। किसानों के ढोर-डंगर, खेत में काम आनेवाले औजार सब कुछ बेचने की करुण कहानी का उल्लेख मिलता है। सन् 1770 के जून तक स्थिति बहुत ही दयनीय हो गई थी। पेड़-पौधे, पत्ते, साग, घास खाने के साथ ही मरे हुए लोगों का मांस खाने से भी परहेज नहीं किया था लोगों ने। चारों तरफ लाशों के ढेर के बीच लोगों का जीना दूभर हो गया था। उसी साल (1770) फसल के नष्ट हो जाने से नौ महीने के अंदर दस लाख से अधिक लोगों की मौत हो गई थी।

सन् 1779 में राजाराम पंडित ने ओडिशा के मराठा सूबेदार के तौर पर कार्यभार सँभाला था। उसी समय राजा वीरकेशरी देव ने मानसिक संतुलन खोकर अपने दोनों पुत्रों की हत्या कर खोर्धा में भयंकर आतंक मचा दिया था। इसी कारण से मराठा प्रशासक राजाराम पंडित ने उन्हें कटक के बारबाटी

दुर्ग में बंदी बनाकर रखा था।[42] यह बात भी कही जाती है कि उस समय रहे सेनापति ने उन्हें बंदी बनाकर कटक के कारागार में भेज दिया था। कारागार में राजा की मौत हो जाने की खबर प्रचारित होने पर, खोर्धा की जनता दुःखी हो गई और इस दुःखद घटना के लिए सेनापति को जिम्मेदार ठहराया था। यह विश्वास किया जाता है कि उसी दिन से सेनापति को राज्य के मुख्य सेनापति पद से हटा दिया गया था।

सन् 1781 में वीरकेशरी देव के पौत्र और जगन्नाथ राय के पुत्र, द्वितीय दिव्यसिंह खोर्धा की राजगद्दी पर आसीन हुए थे, पर खोर्धा राजा होने पर भी राज्य शासन के लिए उन्हें मराठों पर निर्भर रहना पड़ा, जिसके कारण राजा के रूप में अपना गौरव और साख उन्हें खोनी पड़ी। द्वितीय दिव्यसिंह के चौदह साल के (1781–1795) शासन में कोई विशेष उपलब्धि नजर नहीं आती है, हालाँकि उसी समय बरुणेइ पहाड़ की तलहटी में एक दुर्ग का निर्माण कर अपने मुख्य कार्यालय को खोर्धा से वहाँ स्थानांतरित किया था। सन् 1795 में उनकी मृत्यु के बाद उनके पुत्र द्वितीय मुकुंद देव गद्दीनशीन हुए। उस समय द्वितीय मुकुंद देव बालिग नहीं थे। इसलिए गो–आत्रेय गोष्ठी के सामंत ब्राह्मण राजगुरु जयकृष्ण महापात्र राजप्रतिनिधि के रूप में शासन चला रहे थे। यह समय अनेक घटनाओं से भरा हुआ था और वास्तव में राजगुरु असली शासक के रूप में राज्य पर शासन कर रहे थे। द्वितीय मुकुंद देव का शासन काल अचरज से भरी घटनाओं का समय था, जिसका प्रभाव दूर तक पड़नेवाला था।

मूल्यवान् परगनों के साथ–साथ पुरुषोत्तम क्षेत्र पर अधिकार करना और देशीय राज्यों को गजपति के प्रभाव से मुक्त रखना मराठों की एक सोची–समझी चाल थी। खोर्धा राजा की नींव को कमजोर करना उनकी मंशा थी। खोर्धा राजा की उच्च सामाजिक स्थिति और मर्यादा ने मराठों को शंकाग्रस्त कर दिया था। गजपति की साख और प्रभाव को कम करने के लिए उन्होंने हरसंभव कोशिश की। राजाओं को सिर्फ मंदिर के नीति–नियमों को विधि–विधान से संपन्न करके ही संतुष्ट रहना पड़ा था, पर वास्तव में मंदिर का नियंत्रण मराठों के द्वारा नियुक्त किए गए प्रशासकों के हाथों में था। मराठों ने अनुभव कर लिया था कि जब

तक गजपति राजा के तौर पर खोर्धा राजा की प्रतिष्ठा रहेगी, तब तक ओडिशा में उनकी धाक नहीं जमेगी। इसीलिए चौदह देशीय राज्य और जगन्नाथ मंदिर को अपने नियंत्रण में लेकर उन्होंने खोर्धा के राजा को राजनीतिक, धार्मिक रूप से कमजोर कर दिया। इस तरह से खोर्धा में गजपति शासन का विघटन सोचे-समझे राजनीतिक षड्यंत्र द्वारा कार्यान्वित किया गया।

संदर्भ–

1. एच. कूल्के, 'Royal temple policy and the structure of medieval Hindu Kingdoms' in A. Eschmann (ed.) The cult of Jgannath and regional tradition of Orissa, (Delhi, 1978), पृ. 127
2. वही, पृ. 128
3. वही, पृ. 133
4. वही, पृ. 135
5. एच. कूल्के, 'Early royal patronage of the Jgannath cult', वही, पृ. 143
6. वही, पृ. 144
7. जी.एन. दाश, 'The evolution of priestly power', वही, पृ. 163
8. वही
9. वही
10. जी. पीफर, 'Puri Vedic Brahmins, continuity and change in their traditional institutions', वही, पृ. 423
11. Any settlement, founded by any King or chief for the sake of the Brahmins would be termed Sasan.
12. जी. पीफर, op.cit., पृ. 426
13. मुक्ती मंडप—Platform of redemption.
14. जी. पीफर, op.cit., पृ. 427
15. चक्रधर महापात्रा, उत्कल इतिहास एक अज्ञानता अध्याय, कटक 1969) पृ. 7-8
16. वही, 9
17. वही
18. केदारनाथ महापात्रा, खोर्धा इतिहासा (भुवनेश्वर, 1969), पृ. 18
19. चक्रधर महापात्रा, op,cit., पृ. 6
20. वही
21. कृपासिंधु मिश्रा, उत्कल इतिहास (भुवनेश्वर, 1969), पृ. 18
कृपासिंधु मिश्रा रचनावली, (कटक, 2010) पृ. 444। Also H.K. Mahtab, Odisha Itihas, (Cuttack, 1958). पृ. 159
22. करबाडा—a village where the distinguished persons of

different castes along with some Brahmins used to live in.

23. चक्रधर महापात्रा, op.cit., पृ.11
24. वही, पृ. 13
25. वही
26. वही, पृ. 243
27. वही, पृ. 86
28. वही, पृ. 14
29. वही, पृ. 371
30. वही, पृ. 181
31. बी.एम. दाश, Raiguru padara abhyudaya '0' Khurda vidorhare tahara bhumika, बी.एम. दाश (ed.) Sahid Jayee Rajguru, (Puri, 2000), पृ. 69
32. वही, पृ. 23
33. वही, पृ. 59
34. Orissa Historical Research Journal, Vol...NO-4, पृ. 234। Also केदारनाथ महापात्रा, op.cit, पृ. 5
35. चक्रधर महापात्रा, op.cit., पृ. 65
36. वही
37. ए.बी. महापात्रा (ed.), मडाला पणजी,1940, पृ. 71
38. वही
39. वही पृ. 72
40. चक्रधर महापात्रा, op.cit., पृ.149
41. वही, पृ. 163
42. वही, पृ. 193
43. वही, पृ. 306
44. वही, पृ. 308
45. There is no mention of the murder of his son in the Madala Panji. But the Collector of Cuttack in his letter No. 1809 dated 11.10.1809 to the Commissioner has mentioned that Birakeshari Deva killed his two sons Jagannath Roy and Balabhadra Roy and as a result he was imprisoned by the Maratha administration and lodged at Barabati fort. Orissa Historical Research Journal, Vol. p.44 (quoted from Kedarnath Mahapatra, Khurda Itihasa, Bhubaneswar, 1969).

□

4

जयी राजगुरु : एक संक्षिप्त जीवनवृत्त

सन् 1798 से 1805 तक भारत के बड़े लाट (गवर्नर जनरल) थे लॉर्ड वेलस्ली। उनकी नियुक्ति से ठीक पहले (1797 में) यूरोपीय राजनीति में प्रभाव विस्तार कर रहे फ्रांस विरोधी पहली सम्मिलित लड़ाई हार जाने पर अंग्रेजों के आत्मविश्वास पर गहरी चोट लगी थी। मिस्र और सीरिया पर विजय प्राप्त करने के बाद फ्रांस के अधिनायक नेपोलियन बोनापार्ट की लालची नजर भारतीय उपमहादेश पर पड़ी। उस जटिल समय में ब्रिटिश ईस्ट इंडिया कंपनी भारत में अपनी स्थिति को बनाए रखने के लिए संघर्षरत थी। भारत के विभिन्न प्रांतों से आक्रमण की स्पष्ट सूचना के चलते कंपनी संकटग्रस्त हो गई थी। हैदराबाद के निजाम और टीपू सुल्तान के तीव्र विरोध ने अंग्रेज शासन को एक कठिन परिस्थिति का सामना कराया था। पंजाब के सिखों ने भी खुद को संगठित करते हुए अंग्रेजों के विरुद्ध एक बड़ी ताकत के रूप में अपने को उभार लिया था। इस संकट के क्षण में राजगुरु जयकृष्ण महापात्र (जयी राजगुरु) के नेतृत्व में खोर्धा की जनता ने संगठित होकर अंग्रेजों के राज्य विस्तार नीति के विरुद्ध एक तीखी आवाज उठाई थी। जयी राजगुरु अपने इस अभियान में नागपुर के भोंसले राजा से लेकर दूसरे ओडिया राजाओं, जमींदारों और सामंत वर्ग को सम्मिलित करने में सफल हुए थे।

जयी राजगुरु का जन्म 29 अक्तूबर, 1739 को (कार्तिक महीना, 24वाँ दिन, शुक्ल नवमी और आँवला नवमी) को पुरी के निकट वीर हरेकृष्णपुर गाँव में हुआ था।[1] उनके दादा थे राजगुरु गदाधर महापात्र, पिता चाँद महापात्र और माता हारामणि देवी। भोइ राजवंश गजपति हरेकृष्ण देव के नाम से

स्थापित सोलह शासनों में से एक था, हरेकृष्णपुर गाँव। तंत्र और शक्ति आराधना की पीठ के रूप में इस गाँव की एक अलग विशिष्टता थी। बचपन में उनका नाम 'अमूल्य' था।[2] नौ साल की उम्र में उनका जनेऊ संस्कार किया गया था और उसके बाद उनका नाम बदलकर 'जयकृष्ण' रख दिया गया। प्यार से माँ उन्हें 'जयी' बुलाती थीं, इसलिए बाद के दिनों में इसी नाम से वे लोकप्रिय हुए। जनेऊ संस्कार उनके जीवन का एक निर्णायक पल था, क्योंकि इसके बाद उनकी उच्च शिक्षा का सिलसिला शुरू हुआ।

एक शिक्षित और संस्कृत-संपन्न परिवार के उत्तराधिकारी थे शिक्षानुरागी जयी। पितामह गदाधर महापात्र की तरह वे एक प्रकांड संस्कृतज्ञ थे। उस समय की शिक्षा व्यवस्था में केवल ब्राह्मणों को शिक्षा पाने का अधिकार था, हालाँकि कुछ शिक्षा स्थलों पर दूसरे वर्ग के छात्रों को भी शिक्षा दी जाती थी। उस समय हिंदू शिक्षालय मूलतः पाठशाला, मठ, मंदिर में सीमित था। कई विद्वान् पंडित और पुरोहितों का घर भी शिक्षा का केंद्र हुआ करता था। शिक्षा दान का माध्यम था ओडिया और संस्कृत। पाठ्यक्रम में शामिल था भाषा, साहित्य, व्याकरण और गणित। छात्रों के अभिभावकों से शिक्षक अपनी इच्छानुसार पारिश्रमिक लेते थे। उच्च शिक्षा का केंद्र था संघ और मंदिर। उच्च शिक्षा के पाठ्यक्रम में शामिल था वेद, शास्त्र, पुराण, काव्य, अलंकार, व्याकरण, ज्योतिषशास्त्र, संगीतविद्या, युद्धविद्या, चिकित्सा विज्ञान, तंत्र-मंत्र और दर्शन आदि।[3]

किशोर जयकृष्ण ने संस्कृत संघ, एमार मठ, गोवर्धन पीठ आदि पारंपरिक शिक्षा केंद्र में शिक्षा प्राप्त की थी।[4] शास्त्र, पुराण और नीति शास्त्र में गहरा ज्ञान होने के कारण उनकी विद्वता से सभी परिचित थे। उस जमाने में शिक्षा प्राप्त करने के बाद छात्रों की योग्यता का मानदंड तय करने का तरीका अभी के तरीके से अलग था। आमतौर पर राजा और दरबारी पंडितों के द्वारा किसी व्यक्ति की योग्यता और विद्वत्ता का निर्णय लिया जाता था। शिक्षा का माध्यम संस्कृत थी। सौ श्लोक याद करना और उन सबकी व्याख्या करनेवाले व्यक्ति को उस समय 'पंडित' की आख्या दी जाती थी (शतश्लोकेन पंडितः)।

राजदरबार में उन्हें ऊँचे पद-पदवी पर रखा जाता था। वे सिर्फ पंडितों के बीच ही नहीं बल्कि अपने ज्ञान-गरिमा के लिए आम जनता में भी लोकप्रिय थे। अपने ज्ञानी पूर्वजों की तरह वे ज्ञान से समृद्ध और असाधारण विद्वान् थे। इसलिए उस समय खोर्धा के राजदरबार में वे एक शास्त्रज्ञ के रूप में नियुक्त किए गए थे।

विद्याचर्चा के साथ ही युद्धकौशल में जयी प्रशिक्षित थे। समरकला के प्रदर्शन में पारंगत थे। घुड़सवारी में वह निपुण थे। उस समय ओडिशा में यातायात के लिए अच्छी सड़कें नहीं थीं, इसलिए धनी और संभ्रांत वर्ग के लोगों के लिए घोड़े ही यातायात और परिवहन का एक सहज माध्यम था। उन्होंने भारोत्तोलन, अस्त्र चलाना, कुश्ती जैसे शरीर को सुगठित करनेवाली कला में महारत हासिल की थी। युवावस्था में खोर्धा में रहते समय उन्होंने स्थानीय युवकों को अस्त्र चलाना, घुड़सवारी, कुश्ती आदि कला में प्रशिक्षित करके समाज में युद्ध कला के प्रति रुचि रखनेवाले लोगों के सम्मान और प्रशंसा के पात्र बन गए थे। सामरिक कार्यक्रम के अलावा वे विधि-विधान से देवी-देवताओं की नित्य पूजा-अर्चना भी करते थे।

पिता के अकाल वियोग ने उन्हें निडर और दृढ़ प्रतिज्ञ बना दिया था। उन्होंने विवाह न करने का निर्णय लिया था और माता के लाख दबाव के बावजूद आजीवन अविवाहित रहे। पिता के श्राद्ध हेतु पारलौकिक कार्य संपादन करने के लिए वे अपने कुछ मित्रों के साथ गया यात्रा पर निकले। वापसी के समय बनारस में कुछ पंडितों का आतिथ्य स्वीकार करते हुए कुछ दिन वहाँ ठहरे। दादा प्रख्यात गदाधर राजगुरु के पोते के रूप में वे जिस संभ्रांत परंपरा के उत्तराधिकारी थे, वह उन्हें प्रतिष्ठा दिलाने में काफी सहायक सिद्ध हुई थी। यहाँ उन्हें अनेक विद्वान् और सज्जन मंडली के साथ धर्मतत्त्व और दर्शनशास्त्र पर चर्चा करने का मौका मिला। कहा जाता है कि यहाँ उन्होंने तंत्रविद्या में रुझान होने पर एक प्रसिद्ध तंत्र साधक से शिक्षा लाभ लिया था और देवी धूमावती (दस महाविद्या में से एक देवी) को वश में करने के कला-कौशल में सक्षम हुए थे। इस साधना द्वारा वे अपने चारों तरफ एक कृत्रिम धुएँ के

वृत्त की सृष्टि करते हुए शत्रु को भ्रमित करने की शक्ति रखते थे।[5] इस तरह की साधना को किसी तर्क के बिना सिर्फ कुसंस्कार या अंधविश्वास मान लेना असंगत होगा। राजगुरु के पद पर रहते हुए वह देवी शक्ति की आराधना करते थे, जो आज की तार्किक विचारधारा के लोग स्वीकार नहीं कर पाएँगे। प्रशासन में धर्म का बहुत प्रभाव था। सामरिक कार्यक्रम में देवी शक्ति का आह्वान करना एक अनिवार्य अंग था। मोक्ष इच्छापूर्ति हेतु देवी का आशीर्वाद पाने के लिए तंत्र साधना एक सशक्त मार्ग था।

इन सब विद्याओं के लिए वे बनारस में एक महीने तक रुक गए। उनके आने में देरी होने से चिंताग्रस्त माता बीमार पड़ गईं।[6] खबर पहुँचने की आज की जैसी सुविधा न होने के बावजूद जयी का माँ से आत्मिक जुड़ाव उन्हें उनकी ओर खींचकर ले आया। गाँव में पहुँचकर बीमार माँ को देखकर वे सारी बातों से अवगत हुए। बीमारी से खाट पकड़ चुकी माँ ने अपना सारा दुःख और दिल की बात जयकृष्ण को बताई। जटाधारी मिश्र द्वारा लिखित 'ओडिशा के प्रथम शहीद जयी राजगुरु' पुस्तक में वर्णित मराठा अश्वारोही आक्रमणकारी दलों के अत्याचार की रोंगटे खड़े कर देनेवाली घटनाएँ पाठकों को विचलित कर देती हैं। इन मराठा आक्रमणकारियों के शोषण और अत्याचार से जनता बेहाल हो रही थी। हत्या, लूट, बलात्कार आदि घटनाओं से समाज कलंकित हो रहा था। उन अत्याचारियों द्वारा पास के गाँव के दो व्यक्तियों की हत्या, सदा भोइ की बेटी से बलात्कार, गोपाल प्रधान के घर में लूट जैसी घटनाओं ने उन्हें उत्तेजित और विद्रोही बना दिया था। बचपन से ही माँ की दी हुई शिक्षा ने जयी के भीतर अन्याय का विरोध करने की मानसिकता पैदा कर दी थी। राज्य की जनता को सुरक्षा प्रदान करना उनका पहला कर्तव्य है, यह निर्धारित करते हुए बाद के दिनों में उन्होंने कुछ जरूरी उपाय किए थे। पुत्र के विवाह को लेकर माँ का सपना अधूरा रह गया था और वे संसार की मोह-माया का त्याग करते हुए इस संसार से विदा हो गईं। जयकृष्ण आजीवन ब्रह्मचारी रहे और अपने को जन्मभूमि की सेवा में समर्पित कर दिया था।

युवावस्था में असाधारण सामर्थ्य तथा प्रतिभासंपन्न व्यक्ति के तौर पर

वे प्रशंसा के पात्र थे। केवल विद्वान् और संस्कृति पुरुष ही नहीं थे, वह दूरदर्शी राजनीतिज्ञ होने के साथ-साथ कुशल समर विशारद भी थे। सभंवतः इसी कारण से गजपति दिव्यसिंह देव ने उन्हें सन् 1780 में राजगुरु तथा प्रधानमंत्री पद पर नियुक्त किया था।[7] उम्र के इकतालिसवें पड़ाव पर उनका भाग्योदय हुआ था। जयकृष्ण का व्यक्तित्व, काम करने की उनकी शैली, उनका पांडित्य और ईमानदारी ने पड़ोस के देशीय राजाओं को भी गहरे से प्रभावित किया था, इसलिए उनमें से कुछ एक ने ऊँचे वेतन और पद का लालच देकर अपनी ओर करने की कोशिश भी की थी।[8] आठगड़ के राजा धनंजय हरिचंदन के सभी प्रयासों के बावजूद उनके दरबार की शोभा बनने से जयकृष्ण राजी नहीं हुए थे।[9] खोर्धा के गजपति शासन को मजबूत करना ही उनका एकमात्र लक्ष्य था।

भानुजी भोंसले के साथ युद्ध में आहत होकर सन् 1779 में नरसिंह राजगुरु महापात्र की मौत के बाद उनके ज्येष्ठ पुत्र चंद्रशेखर महापात्र को राजगुरु पद पर नियुक्त होने का मौका मिला।[10] परमलक्ष्मी राजगुरु के समय से ही उनके परिवार के सदस्य पड़ोसी राज्य नरसिंहपुर में रहते हुए वहीं से अपने कार्य का संपादन किया करते थे, लेकिन जब राजा दिव्यसिंह ने चाहा कि चंद्रशेखर महापात्र खोर्धा में रहकर अपना कार्य करें तो उन्होंने अपने पद से इस्तीफा दे दिया। इसके बाद गो-आत्रेय गोष्ठी के सामंत ब्राह्मण जयकृष्ण महापात्र, (जयी राजगुरु) सन् 1780 में राजगुरु पद पर आसीन हुए।

दिव्यसिंह देव की मृत्यु के बाद खोर्धा के सिंहासन पर अधिकार करने के लिए दो प्रत्याशी प्रतिद्वंद्वी, मुकुंद देव (दिव्यसिंह देव के पुत्र) और श्यामसुंदर देव (वीरकेशरी देव के द्वितीय पुत्र) के बीच संघर्ष दिखाई देने लगा। उस समय दक्षिण में मौजूद श्यामसुंदर देव ने ईस्ट इंडिया कंपनी के किसी एक ऑफिसर की सहायता से खोर्धा राज्य को जबरदस्ती अधिकार करने का साहस दिखाया था। यहाँ यह उल्लेख किया जा सकता है कि सन् 1765 में ईस्ट इंडिया कंपनी ने हैदराबाद के निजाम से गोदावरी से चिलका तक के पूरे इलाके को अपने कब्जे में करते हुए गंजाम के ऋषिकुल्य नदी के

किनारे के इलाके में एक दुर्ग का निर्माण किया था। कंपनी सरकार खोर्धा के भीतर गंजाम से बालेश्वर तक (आखिर में कलकत्ता से मद्रास तक) सड़क के रास्ते जोड़ने के लिए बहुत उतावली थी। इसलिए खोर्धा को कब्जे में लेना उनके लिए जरूरी था। इसी उद्देश्य को ध्यान में रखते हुए आमने-सामने लड़ाई न करते हुए ब्रिटिश कंपनी सरकार ने श्यामसुंदर देव का इस्तेमाल किया और उनके द्वारा खोर्धा पर कब्जा करने की योजना बनाई थी, लेकिन जयी राजगुरु और मराठा शासन के जोरदार प्रतिरोध के चलते यह लक्ष्य पूरा नहीं हो पाया था। कटक में मौजूद मराठा सूबेदार सदाशिव राव ने खोर्धा राजा मुकुंद देव का समर्थन किया था। इसलिए कालीकट स्थित कंपनी सरकार के एक नजदीकी ब्रिटिश कर्मचारी ने खोर्धा के अंदरूनी कार्य में अनधिकार हस्तक्षेप पर आपत्ति जताई थी। इस कारण से कंपनी ने बाद में श्यामसुंदर देव के समर्थन से अपने को अलग कर लिया था और ब्रिटिश योजना असफल हो गई[11] और फिर सन् 1798 में मुकुंद देव ने खोर्धा की गद्दी सँभाली थी, लेकिन वे बालिग नहीं थे, इसलिए उनके प्रतिनिधि के रूप में दीवान जयी राजगुरु ने शासन का कार्य सँभाला था।

जिस काल में जयी राजगुरु ने राजकाज सँभाला था, उस दौरान शासन बहुत ही दिशाहीन और असंगठित था। सेना का आत्मविश्वास कमजोर पड़ गया था। इसलिए प्रशासन को हर स्तर पर व्यवस्थित और संगठित रखना राजगुरु का पहला कर्तव्य था। सोना पैदा करने वाला इलाका मराठा को दे देने के बाद राजस्व प्राप्त करना बहुत कम हो गया था और इसके चलते श्रीमंदिर की हर दिन की सेवा-पूजा, रीति-नीति विशेष रूप से प्रभावित हुई थी। मंदिर के सेवक और पूजकों के बीच बहुत असंतोष नजर आने लगा था। अफसोस की बात थी कि 1778-79 में हुई रथयात्रा पूँजी के अभाव में सुसंगठित तरीके से हो नहीं पाई थी।[12] चूँकि उनसे पहले के राजगुरु चंद्रशेखर खोर्धा में न रहकर अलग रहते थे, इसलिए खोर्धा में होनेवाली सारी समस्याओं के प्रति ध्यान देना उनके लिए संभव नहीं होता था।

पदातिक सेना का सशक्तीकरण

इस संकट के समय में जयी राजगुरु ने कुछ उचित सुसंगठित कदम उठाकर प्रशासन को व्यवस्थित करने की कोशिश की। सामरिक नीति को सुदृढ़ करके उन्होंने सिर्फ सेना के मनोबल में वृद्धि ही नहीं की अपितु उनकी निष्क्रियता को बहुत हद तक कम करने में वे सक्षम हुए थे। उन्होंने दुर्ग की सुरक्षा व्यवस्था को भी सुदृढ़ किया था। सेना के उपयोग के लिए नए अस्त्र-शस्त्र, घोड़े, हाथी संग्रह करने का निर्देश दिया गया। महत्त्वपूर्ण जगहों की कड़ी सुरक्षा के लिए सुनियोजित कदम उठाकर सेनावाहिनी के मनोबल में वृद्धि की गई। उनके आदेश से सेना में नई नियुक्ति की शुरुआत की गई। सैनिकों की योग्यता के अनुसार उन्हें विभिन्न सैन्य उपाधि से नवाजा जाने लगा, जिससे प्रशासन के प्रति उनके मन में ईमानदारी के भाव का उदय हुआ। कर्तव्य करते हुए कोई सैनिक बीमार हो जाता या विकलांग हो जाता तो उनके लिए सहानुभूतिपूर्वक सहायता की व्यवस्था की जाती। खेती करने के लिए सैनिकों को बिना खेती की जमीन बाँटी गई थी। मराठा अश्वारोही आक्रमणकारियों के विरुद्ध जयी राजगुरु की कड़ी प्रतिक्रिया के कारण मराठा प्रशासन को अपनी सोच में बदलाव लाने के लिए मजबूर कर दिया था। आक्रमणकारियों के विरुद्ध लिये गए राजगुरु के सख्त कदम को जनता की अपार सहमति मिल गई थी, जिससे निढाल पड़ गई सेना में फिर से ऊर्जा का संचार होने लगा।[13] अत्याचारी मराठा शासकों के खिलाफ आवाज उठाने के लिए वे समर्थ हो गए थे। राजगुरु अकसर व्यक्तिगत रूप से अलग-अलग गाँव के अखाड़ों में जाकर सामरिक तालीम का मुआयना करते थे।[14] राज्य के कोने-कोने में इसका दूर तक प्रभाव नजर आने लगा था, जिससे लोगों में जातीयतावाद का आगाज करने की राह को सुगम कर दिया था। रोडंगर बक्सी, दिगंबर भूंया, बालि सुंदरा आदि राजगुरु के समर्थन में आगे आए थे और सेना के जागरण में नेतृत्व किया था।[15] यह उन्माद केवल खोर्धा तक ही सीमित नहीं रहा, बल्कि पड़ोसी देशीय राज्यों में भी फैल गया था।

सेना में नियुक्ति के लिए कठोर नीति-नियमों का पालन किया जाने

लगा, परिवार के ज्येष्ठ पुत्र या अकेले लड़के को आमतौर पर सेना में भर्ती नहीं किया जाता था। उन्हें आमतौर पर खेती के कामों में लगाया जाता था। सिर्फ बीस साल से बड़ी उम्र के स्वस्थ युवकों को सेना में भर्ती किया जाता था। सिर्फ प्रवीणता ही सेना में पदोन्नति का पैमाना था। सामरिक कर्मचारियों के अवसर की उम्र चालीस वर्ष तक ही सीमित थी।

खोर्धा राजा की सेना खासकर तीन हिस्से में बँटी हुई थी, यथा : पदातिक, अश्वारोही और गजारोही। तत्कालीन खोर्धा राजा की सेना के अलग-अलग विभाग में लगभग पंद्रह हजार सैनिक थे,[16], लेकिन अनुमान किया जाता है कि उनका सैन्य बल इससे कहीं अधिक था। पारंपरिक अस्त्रों के साथ ही वे बंदूक और तोप का भी इस्तेमाल किया करते थे। विशेषतौर पर शासनों में तोप, कमान आदि आग्नेयास्त्रों का निर्माण किया जाता था और तीज-त्योहारों में इनका परीक्षण किया जाता था। इन सब आग्नेयास्त्रों के बनाने का तरीका विभिन्न ताड़ के पत्तों की पोथियों में लिपिबद्ध था, जिसे आज भी संरक्षित रखा गया है। कुछ पोथियों से यह पता चलता है कि बाण और हावेलि आदि आग्नेयास्त्रों को अलग रूप देकर पहली बार जयी राजगुरु के समय में लड़ाई के मैदान में प्रयोग किया गया था। आज भी शासन में विभिन्न उत्सवों में इन बाण और तोप आदि आग्नेयास्त्रों की परीक्षा और प्रदर्शन उस महान् सामरिक परंपरा की याद दिलाता है।

राज्य की तीन मुख्य वाहिनी (पदातिक, अश्वारोही, गजारोही) के अलावा जयी राजगुरु ने सैनिकों में काबिलियत बढ़ाने के उद्देश्य से चार और विभाग का गठन किया था, यथा : 1. पहाड़ी, 2. बाणुआ, 3. ढेंकिया और 4. गोरिल्ला।[17]

पहाड़ी सेना आमतौर पर पदातिक वाहिनी के अंतर्गत आते थे, जिन्हें पहाड़ या पहाड़ी इलाकों में तैनात किया जाता था। वे ढाल, भाला, तलवार और कटार आदि शस्त्रों की सहायता से शत्रु पर ऊँची जगहों से आक्रमण करते थे। उनके शस्त्र लोहे और पीतल से बनाए जाते थे। लड़ाई के समय सेना का मोर्चा यही सँभालते थे।

बाणुआ पदातिक सेना लक्ष्यभेदी सामरिक विद्या में प्रशिक्षित थे। बाणुआ वाहिनी बहुत दूर से वज्र, चक्र, बम, टमका, पटाखा, हाबेलि जैसे लक्ष्यभेदी बाण का प्रयोग करते हुए शत्रु पर आक्रमण करने में धुरंधर थे। वे धनुष, मुद्गर, त्रिशूल आदि शस्त्रों का इस्तेमाल भी करते थे। आमतौर पर इस सेना को पथरीले या पहाड़ी इलाके में तैनात किया जाता था।

ढेंकिया सैनिक अधिकतर लंबे, ताकतवर और स्वतंत्र सम्मान के अधिकारी थे। ये राजा, राजगुरु तथा राज्य के कुछ वरिष्ठ अधिकारियों के अंगरक्षक के तौर पर काम करते थे। इसके अलावा राजमहल, शस्त्रागार, कोषागार, कारागार आदि महत्त्वपूर्ण जगहों की सुरक्षा के लिए भी इन्हें नियुक्त किया जाता था। तलवार, ढाल, तीर–धनुष आदि शस्त्र व्यवहार जानने के साथ ही वे मल्लयुद्ध में भी निपुण थे। विशेषतौर पर कोणार्क के पश्चिमांचल में स्थित गड़ भिंगुरा, गड़ रुपास, बलरामपुर गड़, गड़चांद्रपुर और गड़बांग की पदातिक वाहिनी ढेंकिया वाहिनी के तौर पर प्रसिद्ध थी।

शत्रु से आमने–सामने लड़ाई न करते हुए अचानक उन पर हमला करके उन्हें भ्रमित कर चक्कर में डाल देनेवाली गोरिल्ला वाहिनी खोर्धा सेना का एक शक्तिशाली अंग था। शत्रु का पीछा करते हुए उनकी छावनी पर चुपके से हमला कर आतंक पैदा करने में वे माहिर थे। वे तलवार, भाला, तीर, मूसल, धनु, गदा आदि अस्त्र गड़ या गढ़ करते थे। अश्वारोहण करने में भी वे दक्ष थे। वे छिपकर वार करते थे। जयी राजगुरु के समय में सेना की इस शाखा को मजबूत किया गया था और आशानुरूप उसमें सफलता भी मिली थी। गोरिल्ला सैनिक जुझारू थे। उन्होंने जंगल और पहाड़ों में छुपकर लड़ने की तालीम हासिल की थी। आमतौर पर सामने से लड़ाई न करके पीछे से आक्रमण कर शत्रु की काफी हानि कर देते थे। इस सेना के पदातिक सैनिक ज्यादातर ब्रह्मगिरि और कृष्णप्रसाद इलाके में रहते थे।

पाइक या कृषक सेना बहुत दुर्दांत, निर्भीक और कर्तव्यनिष्ठ थी और उनके इन गुणों के चलते समाज में उनकी बहुत इज्जत व प्रतिष्ठा थी। सेना तथा आंतरिक सुरक्षा वाहिनी में आमतौर पर कृषक वर्ग और खंडायत वर्ग का

विशेष योगदान था। वैसे कभी–कभी दूसरे सामाजिक वर्ग की जनजाति जैसे कंध और मुसलिम संप्रदाय के सदस्य भी शामिल होते थे। पाइक सेना को अपनी सेवा खेती के लिए उपजाऊ जमीन नियमित रूप से मिलती थी, जिसे 'पाइकाली जागीर' कहा जाता था। शांति के समय में वे खेत में काम करते थे।

पाइक सेना पद सेनावाहिनी की सबसे निम्न पदवी थी। आमतौर पर सेना का मुखिया, जिन्हें 'दलबेहेरा' कहा जाता था, विभिन्न अखाड़ों से तालीम प्राप्त सदस्यों में से योग्य प्रार्थियों को चुनकर सेना में भर्ती कराते थे। दुर्ग या गढ़ का मुखिया थे दलबेहेरा और उनके अधीन कम–से–कम दो हजार सैनिक नियुक्त होते थे।

एक दुर्ग आमतौर पर तीन हिस्से में बँटकर एक–एक मातहत के अधीन चलाया जाता था। दुर्ग में भी एक स्वतंत्र प्रशिक्षित सेनावाहिनी रखी गई थी, जो युद्ध के समय लड़ाई के मैदान में झंडे की मदद से कई तरह के निर्देश और सूचना देती थी। इसके अलावा कई और उपविभाग बनाकर विभिन्न कार्यकर्ताओं की नियुक्ति की जाती थी। आंतरिक सुरक्षा तथा कानून की रक्षा करने के लिए 'नायक' नियुक्त किया जाता था। इन नायकों की देखरेख में गाँव को नियंत्रण में रखा जाता था। राज्य विरोधी और असामाजिक शक्तियों के संबंध में मातहतों और उनसे ऊपर के अधिकारियों को सूचना देकर काररवाई करने की शिफारिश करते थे।

जयी राजगुरु जानते थे कि योग्य सैनिकों को उपाधि से नवाजने पर सेना की काबिलियत में इजाफा होगा और साथ ही वे प्रशासन के प्रति ईमानदार रहेंगे। इसलिए योग्य सैनिकों को उपाधि देकर वे उनके मनोबल को बढ़ाकर वफादारी के साथ मातृभूमि की सेवा में नियोजित करने में सफल हुए थे। पाइक सैनिकों की काबिलियत को ध्यान में रखते हुए राज्य प्रशासन ने उन्हें विभिन्न उपाधि जैसे– गढ़नायक, बाहुबलेंद्र, सामंतराय, छोटराय, पाइकराय, उत्तर कबाट, दक्षिणकबाट, शत्रुशल्य, सामंतसिंहार, भुजबल, खंडायतराय, बैरीगंजन, मत्तगजसिंह, चहटराय, बाघसिंह, पालटासिंह, चंपतिराय, हरिचंदन, श्रीचंदन आदि प्रदान कर पाइक सेना को उत्साहित किया जाता था।

लड़ाई के समय सुरक्षा के चलते पाइक सैनिक एक अलग तरह का वस्त्र पहना करते थे। वे बाघ या चीताबाघ के चमड़े से बना वस्त्र, जो छाती को ढककर रखता था, पहनते थे। जाँघ से लेकर छाती तक लोहे का एक कवच धारण करते थे। इसके साथ बाँह में बाघ का मुँह, कमर में कटार, जंगली जानवरों की पूँछ से बनी कमरबंद, सिर पर पगड़ी, माथे पर काला तिलक और सिंदूर का टीका, कान में कुंडल, हाथ में ढाल, तलवार, घंटीमाल से अपने को सजाते थे। एंड्रयू स्टर्लिंग द्वारा लिखे गए 'कटक के ऐतिहासिक विवरण' (Historical account of Cuttack) में उल्लेख है कि भयभीत करने वाले इन साज-शृंगार के साथ ही पाइक सैनिक अपने इस दुर्दांत रूप को पीले रंग की मिट्टी और ललाट पर अलग तरह के सिंदूर से और अधिक भयानक रूप दे देते थे। इन सब बातों से पता चलता है कि वे बाकायदा देश या राज्य की सेना में शामिल होकर अपनी काबिलियत जाहिर करने में समर्थ थे।

जयी राजगुरु ने अपना पद सँभालने के बाद राज्य के गुप्तचर विभाग को और भी पुख्ता करने के लिए जरूरी कदम उठाए थे। उनके द्वारा बुद्धिमान् और काबिल व्यक्तियों को गुप्तचर के रूप में विभिन्न जगहों पर तैनात कराया था। इस काम में विश्वस्त व्यवसायियों की नियुक्ति से यह संस्था बहुत सक्रिय हो गई थी। वे अपने व्यवसाय को और आगे बढ़ाने के लिए राज्य में दूर-दूर तक और कभी-कभी जरूरत पड़ने पर राज्य से बाहर भी यात्रा करते थे। वहाँ अपना काम करने के साथ-साथ विशेष तथ्य और समाचार संग्रह कर जयी राजगुरु को प्रदान करते थे। यह दल उनका बहुत विश्वस्त था। यात्रा के समय उन्हें अंगरक्षक भी मुहैया किया जाता था। जरूरत पड़ने पर वे राजा को आर्थिक मदद भी किया करते थे।[18] गुप्तचर 'भेद' या गुप्त बातें संग्रह करके राजा को बताते थे, इसलिए इन्हें 'भेदी' भी कहा जाता था। शंभू भारती नाम के एक व्यक्ति इस गुप्तचर संस्था के मुख्य पदाधिकारी थे।[19] वे देशीय राज्य के राजाओं के साथ खोर्धा प्रशासन की तरफ से संपर्क रखते हुए विभिन्न संदर्भों पर मंत्रणा करते थे। इसलिए राजा और राजगुरु तक सीधे खबर पहुँच

जाती थी। जयी राजगुरु के एकांत विश्वस्त थे शंभू भारती। पारंपरिक रीति से सुसंगठित एक गुप्तचर वाहिनी भी उनकी मदद करती थी। ओडिशा के विभिन्न प्रांतों से व्यावसायिक संबंध बने थे।

शंभू भारती कटक के एक व्यवसायी थे और खोर्धा राज्य में विभिन्न जगहों पर उनकी व्यावसायिक संस्था और नमक का गोदाम था। वे खोर्धा राज्य में बहुत लोकप्रिय थे। वे खोर्धा का सालाना कर देने के लिए खोर्धा राजा की तरफ से मराठा प्रशासन के पास जमानतदार थे। इसके बदले में उन्हें पूरे राज्य में बिना किसी प्रतिबंध के निःशुल्क व्यवसाय करने की अनुमति मिली हुई थी। (Ewer to Government, 13 May, 1818, Bengal Revenue Consultation, 17 July, 1818, No. 15)

उस काल में विभिन्न उपाय करते हुए सेना को मजबूत करने की व्यवस्था की गई थी। विभिन्न गाँव और बस्ती में स्थित 'अखाड़ा', 'खलूरी' को सरकार के प्रोत्साहन से सक्रिय किया गया था। जयी राजगुरु खुद उन सब अखाड़ों का मुआयना कर सामरिक प्रशिक्षण की जाँच करते थे। उनके इस कदम से राज्य के कोने-कोने में इसका प्रभाव नजर आने लगा था। पाइक सैनिकों में उत्साह की वृद्धि हुई थी। जयी राजगुरु ने सेनाध्यक्ष के तौर पर पाइक सैनिकों को व्यवस्थित और सशक्त करने में मुख्य भूमिका निभाई थी।

पुरी का जनजीवन पुरातन समय से ही 'जागाघर' यानी अखाड़े की संस्कृति से जुड़ा हुआ है। श्री जगन्नाथ और श्रीमंदिर की सुरक्षा के लिए 'जागाघर' की स्थापना की गई थी, ऐसा कहा जाता है। दूसरी तरफ 'पाइक अखाड़ा' का जन्म भी 'जागाघर' से हुआ होगा ऐसा अनुमान किया जाता है। गंगवंश के शासन काल में अखाड़े की स्थापना श्रीमंदिर की सुरक्षा के लिए की गई थी। श्रीमंदिर के चारों तरफ की सात बस्ती में 'जागा अखाड़ा' स्थित है। हरचंडी साही, बालिसाही, कुंढेइबेंट साही, दोलपंडप साही, गौड़बाड़ साही, मार्कंडेश्वर साही और कालिकादेवी साही में जागाघर ले लिये तात्कालिक राजा और विशिष्ट व्यक्तियों ने जमीन प्रदान किया था। कपिलेंद्र के समय में जागाघरों में विभिन्न समर कला-कौशल, मल्लयुद्ध, कुश्ती आदि प्रशिक्षण की

शुरुआत की गई थी। जगतगुरु शंकराचार्य के निर्देश में मठों, मंदिरों की सुरक्षा के लिए अखाड़े में साधु सबसे पहले सामरिक कला-कौशल की शिक्षा प्रदान करते थे। मुकुंद देव के समय में काला पहाड़ का मुकाबला करने के लिए जागाघर से तालीम प्राप्त मल्लयोद्धाओं को श्रीमंदिर की सुरक्षा के लिए तैनात किया गया था। जहाँ पाइक सैनिक राज्य सुरक्षा वाहिनी में नियुक्त किए जाते थे, वहीं जागाघर के मल्ल योद्धा मंदिर की सुरक्षा का दायित्व सँभालते थे। हर जागाघर में महावीर हनुमान की मूर्ति के साथ प्रशिक्षण की एक जगह, एक तालाब और एक बैठकी होती है। यहाँ पर तलवार चलाना, लाठी चलाना, जैसे विभिन्न सामरिक कौशल के साथ पिरामिड बनाने की तालीम दी जाती थी।

कन्हाइ चंपतराय की 'पाइक खेदा', सुस्मिता महांति की 'ओडिशा में पाइक और खोर्धा विद्रोह', गंगाधर मिश्र की 'प्राचीन उत्कल का पाइक कुल' आदि किताबों में ओडिशा के पाइक सैनिकों के समर कौशल, वीरता और अस्त्र-शस्त्रों के बारे में विस्तृत विवेचना की गई है। पुरी जिला अंतर्गत ब्रह्मगिरि थाने के गड़ककोल गाँव में जन्मे समर शास्त्रविद् कन्हाई चंपतराय द्वारा लिखित 'पाइक खेदा' पोथी समरकला का बहुत ही प्रामाणिक और अत्यंत उपयोगी ग्रंथ है।

सुरक्षा और प्रशासनिक दृष्टि को ध्यान में रखते हुए खोर्धा को चार हिस्से पूर्व, पश्चिम, उत्तर और दक्षिण में बाँटा गया था। हर हिस्से को एक-एक सरदार के दायित्व में रखा गया था। खोर्धा दुर्ग के भीतर जाने के लिए चार मुख्य प्रवेश द्वार थे। पहला द्वार दांडिमाल में, द्वितीय द्वार रामेश्वर में, तीसरा द्वार बोलगड़ और चौथा द्वार केरंग में था। जयी राजगुरु के समय खोर्धा दुर्ग एक सुरक्षित इलाका था। यहाँ स्थित राजमहल और बरुणेइ दुर्ग की सुरक्षा बहुत सुदृढ़ थी। भीतर और बाहर दोनों तरफ दो प्राचीर बनाई गई थी और साथ ही इसके चारों तरफ नहर खोदकर इसकी सुरक्षा व्यवस्था को सशक्त किया गया था। राजमहल के भीतर 'हस्तेश्वरी' मंदिर, रानी पुष्करणी और व्यवहार में आनेवाली सौध का भग्नांश अभी भी गौरवज्ज्वल अतीत के मूक साक्षी बनकर खड़े हैं।

जगन्नाथ मंदिर का परिचालन

समकालीन दक्षिणांचल के कलेक्टर चार्ल्स ग्रोम के पुरी मंदिर के विषय में, सन् 1805 के जून महीने में दिए गए विवरण से पता चलता है कि खोर्धा राजा के शासनकाल में मंदिर प्रशासन बहुत सुव्यवस्थित था, पर मराठा द्वारा मंदिर परिचालन के समय मंदिर प्रशासन में बहुत ही अनियमितता नजर आई थी।[21] ग्रॉम का मानना था कि खोर्धा राजा के समय में श्री जीउ के बनाए विधि-विधान में थोड़ी सी भी गलती करनेवाले और अपने कर्तव्य में चूक करनेवाले सेवकों के विरुद्ध आर्थिक या शारीरिक दंड देकर नियमों का कड़ाई से पालन कराया जाता था, पर मराठा के समय में नीति-नियम पालन में काफी लापरवाही दिखाई पड़ती थी। उनके समय में सेवा करनेवाले अपनी इच्छा से काम करने के साथ ही यात्रियों को लूटते थे, जो कि उनके गलत तरीके से कमाई का जरिया बन गया था।

इसी समय में सोने की कीमत समान भू-संपत्ति मराठाओं को सौंपने के चलते जगन्नाथ मंदिर बहुत बड़ी आर्थिक दुर्दशा को प्राप्त हो गया था। पहले इसकी जमींदारी से गजपतियों के द्वारा बीस हजार रुपए मंदिर के परिचालन में खर्च किए जाते थे, पर मराठा शासन के समय इसमें व्यतिक्रम नजर आया था। भले ही मराठा प्रशासन मंदिर परिचालन के लिए अलग से धन-व्यय करने के दायित्व से मुक्त थे, पर परगना के लोग जगन्नाथ की सेवा से खुद को अलग नहीं रख पाए थे। इसी भावगत संबंध का फायदा उठाकर जयी राजगुरु ने स्थानीय अमीर लोगों से मंदिर की सेवा, पूजन के लिए खुले हाथों से दान करने का निवेदन किया था। इसके फलस्वरूप कई जगन्नाथ भक्त आर्थिक मदद और सहयोग के लिए आगे आए।[22] कटक स्थित मराठा प्रशासन ने जयी राजगुरु की इस तरह की काररवाई को सहजता से स्वीकार नहीं किया और नागपुर के भोंसले राजा को इस बारे में अवगत कराया था। इसके लिए नागपुर दरबार में आमने-सामने आलोचना करने की व्यवस्था की गई। खोर्धा प्रशासन की तरफ से जयी राजगुरु ने प्रतिनिधित्व करते हुए अपना पक्ष रखा था।[23] वहाँ उनके द्वारा स्पष्ट तौर पर अपना पक्ष रखने के कारण

मराठा शासन ने विधि-विधान से नीति-नियम का पालन करने के लिए पूँजी की व्यवस्था की। इस मौके पर उन्होंने भोंसले राजा को पुरी श्रीक्षेत्र परिदर्शन करने का निमंत्रण दिया था और उनके इस आमंत्रण को मराठा राज्य के सदस्यों ने सादर ग्रहण किया था। यह एक निर्णायक पल था, जिसने बाद के दिनों में खोर्धा और मराठा शासकों के बीच सुसंपर्क का रास्ता खोल दिया था।

इस दिशा में दूसरा एक कार्य था, खोर्धा राजा और जगन्नाथ धर्म के साथ देशीय राजाओं को जोड़ना। विभिन्न राजपरिवारों को स्वतंत्र सुविधा सुयोग दिया गया और विभिन्न उपाधि से उन्हें विभूषित किया गया, जिससे उन्हें नकद मुद्रा और कीमती चीजें प्राप्त हुईं। इन संग्रह किए गए धन और द्रव्य को मंदिर के कार्यों में नियोजित किया गया। इस प्रक्रिया से गजपति के मान-सम्मान एवं इज्जत में इजाफा हुआ और अनायास ही ओडिया जातीयता भाव का जज्बा नजर आने लगा। पड़ोसी राज्यों के बीच आपसी विश्वास और मित्रता की स्थापना करने के साथ ही बाह्य शक्ति का विस्तारवाद और शोषण नीति के विरुद्ध एक सामूहिक उद्यम के लिए सतत प्रयासरत थे जयी राजगुरु।

तंत्र के प्रति आकर्षण जयी राजगुरु के व्यक्तित्व का एक दूसरा पहलू था, जिसे प्रशासनिक कार्य में वह व्यवहार में लाते थे। इसमें अचरज होने जैसी कोई बात नहीं थी, क्योंकि समकालीन सामाजिक व्यवस्था में तंत्रवाद का असीम प्रभाव था। जगन्नाथ मंदिर में तंत्रवाद का प्रभाव शायद जयी राजगुरु के विश्वास के चलते ज्यादा बढ़ गया था, कहना अप्रासंगिक नहीं होगा। राजगुरु एक बलिष्ठ तंत्र साधक थे। अकसर वे बरुणेइ और करुणेइ देवी मंदिर में जाकर बहुत देर तक तंत्र साधना में लीन रहते थे।

सन् 1797 में कंपनी सरकार ने मराठा राजा रघुजी भोंसले के समक्ष ओडिशा के भीतर से अंग्रेज सेना को मद्रास तक सुरक्षित यात्रा के लिए एक प्रस्ताव रखा था और इस प्रस्ताव का घोर विरोध किया था जयी राजगुरु ने। उनका यह विरोध इस बात को स्पष्ट कर देता है कि जयी राजगुरु साम्राज्यवाद के विरोधी थे।[24] यहाँ तक कि इस प्रस्ताव को खारिज करने के लिए वे खुद नागपुर जाकर भोंसले राजा को तैयार करने से भी पीछे नहीं रहे।

नागपुर जाने के लिए उन्होंने पुरी के कुंडेइबेंट साही बक्सी नगर के पास अपने एक घर के बदले में मराठा के सेमाजी नामक एक व्यक्ति से घोड़ा लेकर अपनी यात्रा को पूरा किया था।[25] इस क्रम में यात्रा में लगनेवाले खर्च के लिए नरोत्तम दास नामक एक सज्जन से कुछ अर्थ ऋण के तौर पर लिया था।[26] पर उनका यह प्रयास नाकाम हुआ था, क्योंकि राजगुरु के वहाँ पहुँचने से पहले ही कंपनी सरकार मराठा सरकार से अपने प्रस्ताव पर उनका अनुमोदन प्राप्त करने में कामयाब हो गई थी। जयी राजगुरु निराश नागपुर से लौट आने को विवश हो गए, पर उनका यह कार्य खोर्धा राजा के प्रति उनकी प्रतिबद्धता और ईमानदारी का प्रमाण है। आसन्न आपदा का भी उन्हें पूर्वानुमान हो गया था।

खोर्धा के शासन तंत्र में राजप्रतिनिधि के तौर पर जयी राजगुरु ने अपनी अखंड प्रसिद्धि और धाक जमा ली थी। इसके साथ ही वे जरूरत के मुताबिक तुरंत निर्णय लेकर कार्य शुरू कर देने की क्षमता भी रखते थे। कभी-कभी वे अपनी योजना और कार्यक्रम की सफलता के लिए कुछ कठोर कदम उठाते थे, जिसके चलते उन्हें कुछ स्वार्थी व्यक्तियों की निंदा और आलोचना का शिकार होना पड़ता था, पर इससे कोई भी इनकार नहीं कर सकता कि वे बहुत ही क्षमताशाली और स्वाभिमानी थे। राजदरबार में अपना दखल विस्तार करने में वे सफल हुए थे। शायद पूर्व में उनके जैसी सफलता हासिल करनेवाला दूसरा व्यक्ति विरल था।[27] वास्तव में संभ्रांत राजगुरु परंपरा के आखिरी वारिस के तौर पर जयी राजगुरु अति अमानवीय गुणों के अधिकारी थे। वे असाधारण प्रतिभा के धनी व्यक्ति थे, जो जातीय हितों की रक्षा के लिए आत्मोत्सर्ग करने में पीछे नहीं हटे।

संदर्भ–

1. प्रहलादा चंद्रा नायक Date of 'birth' of Jayee Rajguru in Jatadhari Mishra, Odisara Pratham Saheed Jayee Rajguru (Puri, 2002), पृ. 65
   पी.सी. नायक, physicist has calculated the birth date (29 October, 1793) of Jayee Rajguru by following the principle propounded by Robert Swell and Sankar Balakrushna Dikshit.

2. वही, पृ. 12
3. एस.एन. दास, Odiya Sahityara Itihasa, Vol...., Cuttack, 1963, पृ. 595
4. जटाधारी मिश्रा, Odisara Pratham Saheed Jayee Rajguru op.cit. पृ. 12
5. वही, पृ. 16
6. वही
7. सदासिबा रथ शर्मा, जयी राजगुरु, Cuttack, 1955, पृ. 4
8. वही
9. वही
10. चक्रधर महापात्रा, Utakal Itihasara eka Agyant Adhyaya, Cuttack, 1969, पृ. 328
11. Translation of Persian Records, No.398,6th September,1798. (Quoted from B.C.Ray, Orissa under the Marathas) पृ. 59
12. जटाधारी मिश्रा, op.cit, पृ. 20
13. वही पृ. 25
14. सदासिबा रथ शर्मा, op.cit., पृ. 5
15. वही
16. जटाधारी मिश्रा, op.cit., पृ. 26
17. वही
18. वही, पृ. 28
19. वही
20. सदासिबा रथ शर्मा, op.cit., पृ. 5
21. के.एस. बेहरा, et.al (ed.) Charles Grome's report on the temple of Jagannath, 10 June, 1805, published by Odisha State Archives, Bhubaneswar, 2002, पाठ–8, पृ. 7
22. जटाधारी मिश्रा, op.cit, पृ. 33
23. वही
24. सदासिबा रथ मिश्रा, op.cit., पृ. 8
25. वही
26. वही
27. सी.डी. महापात्रा, Jayee Rajguru in 'banaphula' (Odiya Monthly), February, 1971, पृ. 66

□

5

कटक अधिकार और अंग्रेजों का विश्वासघात

सन् 1633 में हरिहरपुर में अंग्रेजों के व्यावसायिक गोदाम की स्थापना के साथ ही ब्रिटिश–ओडिशा संबंधों का एक नया अध्याय शुरू हो गया। बाद के दिनों में बालेश्वर और पिपली में भी गोदाम बनाया गया, पर अट्ठारहवीं सदी में जब ईस्ट इंडिया कंपनी ने अपना व्यावसायिक प्रतिष्ठान हुगली और कलकत्ता में स्थानांतरित कर दिया, तब धीरे–धीरे एक व्यावसायिक केंद्र के तौर पर बालेश्वर का महत्त्व कम हो गया। उधर सम्राट् औरंगजेब की मृत्यु के बाद मुगल साम्राज्य का पतन शुरू हो गया, जिसके फलस्वरूप ओडिशा का शासन बंगाल के नवाब के हाथों में चला गया, पर मराठाओं के बार–बार आक्रमण के कारण बंगाल के शासक ओडिशा को अपने नियंत्रण में ज्यादा दिन रख पाने में समर्थ नहीं हो पाए। अंत में बंगाल के नवाब अलीवर्दी खान सन् 1751 में मराठा के शासक रघुजी भोंसले को ओडिशा का एक बड़ा अंश (उत्तर में सुवर्णरेखा नदी से लेकर दक्षिण में चिलका तक) सुपुर्द करने के लिए मजबूर हो गए। सन् 1765 में बक्सर युद्ध के बाद क्लाइव और उनके उत्तराधिकारियों ने मराठा शासक के अधीन उपकुल ओडिशा को अपने कब्जे में करने की कोशिश की, पर कामयाब नहीं हुए।

सन् 1774 में गवर्नर जनरल के पद पर नियुक्त होने के बाद वारेन हेस्टिंग्स ने ब्रिटिश शासन के प्रभाव को और अधिक विस्तार देने की कोशिश की। उसी समय सन् 1772 में राजा भानुजी भोंसले की मौत के बाद मराठा

साम्राज्य आंतरिक अव्यवस्था का शिकार हो गया। पहले ब्रिटिश–मराठा युद्ध के समय में वारेन हेस्टिंग्स जरूरत पड़ने पर बंगाल से मद्रास के लिए सेना को उपकुल ओडिशा के भीतर से तुरंत भेजना चाहते थे। इसलिए इस प्रस्ताव पर चर्चा करने के लिए उन्होंने अपने प्रतिनिधि डेविड एंडरसन को कटक स्थित मराठा अधिकारी चिमनजी बापू (नागपुर के राजा माधोजी भोंसले के द्वितीय पुत्र) के पास भेजा। पहली बातचीत में एक समझौता हुआ था, जिसके तहत कंपनी सरकार ने चिमनजी से तेरह लाख रुपए की सहायता देने की सहमति के साथ ही बंगाल से दस लाख रुपए का ऋण दिलवाने का वादा भी किया था। एक विशेष निर्णायक पल में वारेन हेस्टिंग्स तत्कालीन गठित हुए अंग्रेज विरोधी राज्यसंघ में से एक मराठा राज्य को अलग करने में सफल हुए थे, पर इसके बाद भी ओडिशा पर स्थायी रूप से अधिकार करने का उनका सपना पूरा नहीं हो पाया।

क्लाइव से लेकर कार्नवालिस तक सभी ने मराठाओं के साथ विचार-विमर्श कर ओडिशा पर दखल करने की कोशिश की, बावजूद इसके कभी सफल नहीं हो पाए थे। आखिर में लॉर्ड वेलस्ली ने सन् 1798 में गवर्नर जनरल बनने के बाद मराठाओं को परास्त किया और ओडिशा को ब्रिटिशर्स के अधीन करने में सक्षम हुए। उन्होंने भारत में ब्रिटिश साम्राज्य की स्थापना के लिए एक उग्र आक्रामक साम्राज्यवादी नीति अपनाई थी। उनका उद्‌देश्य था मराठा शासन का खात्मा। ओडिशा के कंपनी अधिकृत इलाकों के साथ संबंध रखना भी जरूरी था। द्वितीय मराठा युद्ध के समय ओडिशा वह लड़ाई का मैदान बना, जहाँ ब्रिटिश सेना का सामना रघुजी भोंसले और दौलत राव सिंधिया के नेतृत्व वाली संयुक्त मराठा सेना से हुआ था।[1] इस समय मराठाओं की स्थिति कमजोर होने के चलते कंपनी सरकार ने युद्ध के जरिए ओडिशा पर कब्जा करने के सारे आवश्यक उपायों पर अमल किया था। मराठा आपसी रंजिश के चलते सिंधिया, भोंसले, होलकर और पेशवा जैसे चार हिस्से में बँट गए थे। इसके कारण मराठा शक्ति कमजोर हो गई थी।

ऐसे दौर में ओडिशा पर अधिकार करना अंग्रेजों के लिए सहज था।

पहला तो नागपुर की सेना सामर्थ्य की दृष्टि से ब्रिटिश सेना के समकक्ष नहीं थी। लड़ाई के समय उनकी प्रतिरोध करने की शक्ति बहुत कमजोर थी। दूसरे, ब्रिटिश सेना दो बार उसी इलाके से गुजरी थी, जिससे उन्हें वहाँ की भौगोलिक स्थिति और जलवायु के बारे में संपूर्ण जानकारी हो गई थी। यही कारण था कि फिर से ओडिशा के भीतर प्रवेश करते हुए उन्हें किसी भी समस्या का सामना नहीं करना पड़ा। यहाँ यह याद किया जा सकता है कि कंपनी सरकार ने सन् 1765 में गोदावरी नदी और चिलका झील के बीच का इलाका हैदराबाद के निजाम से अपने कब्जे में ले लिया था। इसके लिए लेफ्टिनेंट कर्नल कैंपबेल के नेतृत्व में ब्रिटिश सेना गंजाम से ओडिशा के अभियान पर निकली थी। सामरिक कार्यानुष्ठान के समय सेना को कुछ मौलिक नियमों को पालन करने का निर्देश दिया जाता था, जैसे आम जनता की धार्मिक श्रद्धा, विश्वास का सम्मान करना उनका प्रथम कर्तव्य होना चाहिए। मराठा के साथ ओडिशा में लड़ाई से पहले गवर्नर जनरल लॉर्ड वेलस्ली ने अंग्रेज सेनापति कैंपबेल को 3 अगस्त, 1803 को एक पत्र के जरिए कुछ आदेशावली भेजी थी।[2] उन निर्देशावली में यह उल्लेख भी किया गया था कि 'जगन्नाथपुरी पहुँचने के बाद इस मंदिर के प्रति उचित सम्मान देने में बिल्कुल भी कोताही न बरती जाए। ब्राह्मण यात्रियों के धर्म विश्वास के प्रति भी उपयुक्त सम्मान दिया जाए।'

यहाँ यह उल्लेखनीय है कि हिंदू बहुल ओडिशा में इस तरह के सौहार्दपूर्ण मनोभाव को धार्मिक सहनशीलता के रूप में व्याख्यायित नहीं किया जा सकता। यह असली मुद्दे से ध्यान हटाने के लिए कंपनी सरकार की एक कारसाजी थी। उनका यह प्रयास निश्चित तौर पर धर्म के प्रति श्रद्धा या सम्मान नहीं था; यह एक माध्यम था, जिसके द्वारा कम प्रतिरोध में ओडिशा पर अधिकार करने का लक्ष्य पूरा हो पाएगा। जगन्नाथ धर्म के प्रति थोड़ी सी भी असहिष्णुता या असम्मान आम जनता में तीव्र प्रतिक्रिया की सृष्टि करता, जिससे पुरी को बिना संघर्ष के अधिकार में कर पाना लगभग असंभव हो जाता।

दूसरे, मराठा शासन से असंतुष्ट ओडिशा के राजा और जमींदारों के साथ संपर्क बनाकर कंपनी सरकार उनका समर्थन हासिल करने में सक्षम हुई थी। कंपनी सरकार ने राजा और जमींदारों की मराठा विरोधी भावना को भुनाते हुए परिस्थिति का लाभ उठाने का प्रयास किया था।

पर खेद की बात यह थी कि गवर्नर जनरल ने भी युद्ध से पहले मराठा सेना और कर्मचारियों के मनोबल को कमजोर करने के लिए अनैतिक और अवैध तरीके को अपनाने में थोड़ा भी संकोच महसूस नहीं किया था। बिना किसी विरोध के ओडिशा को कंपनी सरकार के सुपुर्द करने के लिए कटक स्थित मराठा प्रशासन के कर्मचारियों को असीमित घूस देकर प्रलोभित करने के लिए कर्नल कैंपबेल को पूर्ण अधिकार दिया गया था। कंपनी सरकार की तरफ से कटक में स्थित दो ऊँचे पदाधिकारियों को इसी तात्पर्य के दो पत्र भेजे जाने का इतिहास में उदाहरण है।[3] गवर्नर जनरल ने सामरिक कार्यानुष्ठान से पहले की तैयारी के तहत ओडिशा के राजा और जमींदारों के साथ कूटनीति का प्रयोग कर उनसे समझौता करवाने के लिए कैंपबेल और कटक के बंदोबस्त कमिश्नर मेलविले साहब को निर्देश दिया था। यह उनकी सहायता हासिल कर मराठाओं को मानसिक तौर पर कमजोर करने की सोची-समझी चाल थी।

उपकुल ओडिशा का विस्तृत इलाका देशीय राजा और जमींदारों के अधिकार में था। उनमें से ज्यादातर दूसरे किसी शक्तिशाली राजा की हुकूमत को स्वीकार न करते हुए स्वतंत्र रूप से अपने राज्यों में राज कर रहे थे, हालाँकि कुछ राज्य मराठा शक्ति को कर (करद राज्य) देने वाले राज्य के तौर पर जाने जाते थे। इसी के तहत जो राजा और जमींदार ब्रिटिश सेना का गतिरोध करने की क्षमता रखते थे, उनके साथ बातचीत कर उन्हें कंपनी सरकार की तरफ करने का निर्देश मिला था कैंपबेल और मेलविले को। भिन्न मत रखनेवाले राजा और जमींदारों की प्रतिबद्धता हासिल करने के लिए हर संभव कोशिश करने के लिए ब्रिटिश अधिकारियों को स्पष्ट आदेश दिया गया था[5] और जिन राजाओं व जमींदारों के प्रभाव से ओडिशा पर अधिकार करने

का रास्ता सुगम हो सकता था, उन्हें किसी भी तरह से लालच देकर समझौता के लिए तैयार करने हेतु निर्देशावली में सूचना दी गई थी। इस दृष्टिकोण से खोर्धा राजा उस समय के सबसे प्रभावशाली राजा थे। इसलिए स्वाभाविक था कि कंपनी के अधिकारी उनके साथ बातचीत के तहत एक निर्दिष्ट समझौता करने के लिए व्यग्र थे। इस उद्देश्य के पीछे कुछ और कारण भी थे। लड़ाई के लिए यात्रा करते समय युद्ध के लिए सामग्री और खाद्य पदार्थ इकट्ठा करने के साथ ही परिवहन में कंपनी सरकार को अशेष समस्या का सामना करना पड़ता था। सेना वाहिनी के निर्दिष्ट यात्रा पथ का चतुर्पंचमांश था खोर्धा राजा के अधिकृत इलाके में।[6] ऐसे समय में खोर्धा राजा की मराठा प्रशासन के साथ अंग्रेज विरोधी गुप्त मंत्रणा की आशंका कंपनी सरकार को चिंताग्रस्त कर रही थी।[7] इसलिए खोर्धा राजा को मराठा प्रभाव से मुक्त करना ब्रिटिश कंपनी सरकार का सबसे बड़ा अभियान था। मराठा को ओडिशा से हटाने के उद्देश्य से आगत युद्ध की तैयारी में खाद्य सामग्री, जरूरत की चीजों की व्यवस्था और तीन हजार पाइक सैनिकों को ब्रिटिश सरकार की मदद हेतु मुहैया कराने के लिए कंपनी के अधिकारी कर्नल हारकोट और मेलविले का खोर्धा राजा को अनुरोध करने के पीछे एक विशेष तात्पर्य निहित था। उन्हें यह प्रस्ताव दिया गया था कि खोर्धा राजा कंपनी सरकार का अनुरोध मान लेंगे तो उन्हें एक लाख रुपया मिलेगा। गंजाम के कलेक्टर ने खोर्धा राजा के साथ प्रस्ताव पर आलोचना करने के लिए एक अधिकृत प्रतिनिधि भेजा था।[8] उस समय चूँकि खोर्धा के राजा नाबालिग थे, इसलिए राजगुरु जयकृष्ण राजप्रतिनिधि के तौर पर शासन का नियंत्रण कर रहे थे।[9] पर राजगुरु पहले से ही ब्रिटिश अधिकारियों के प्रस्ताव में छिपी हुई बुरी भावना और उनके विश्वासघात को भाँप गए थे। उन्होंने खोर्धा राजा को कंपनी के साथ किए जानेवाले समझौते के लिए सतर्क करते हुए खोर्धा राज्य के भीतर से निरापद यातायात की सुविधा प्रदान करने की अनुमति देने के विरोध में अपना स्पष्ट विचार भी रखा था।[10] पर उस समय की कुछ महत्त्वपूर्ण अनसुलझी समस्याओं ने निर्णय प्रक्रिया को प्रभावित किया था। वीरकेशरी देव के द्वारा

बंधक के तौर पर मराठा को सौंपे गए चार मूल्यवान् परगना लिंबाइ, राहांग, सिराइ और चौबिसकुद का पुनरुद्धार करना पहली आवश्यकता थी। खोर्धा राज्य से अंग्रेज सेना को निरापद जाने देने के लिए कंपनी सरकार के अनुरोध को एक अवसर और इन परगनाओं के पुनरुद्धार करने के लक्ष्य को पूरा करने के माध्यम के तौर पर देखा गया।[11] मराठों को युद्ध में पराजित करने के लिए खोर्धा राजा की हर संभव सहायता प्राप्त करने के बदले कंपनी सरकार ने उन्हें एक लाख रुपया देने का वादा करते हुए प्रस्ताव भी रखा था।[12] आखिर में इस बात पर सहमति हुई कि कंपनी सरकार चार परगना और एक लाख रुपया खोर्धा राजा को देगी और उसके बदले राजा मराठा के साथ सारे संबंध तोड़कर कंपनी सरकार के साथ सहयोग करेंगे। कर्नल हारकोट और गंजाम के मजिस्ट्रेट ने इस शर्त पर अपनी सहमति जताई थी।[13] एक लाख रुपया और कटक पर अधिकार करने के बाद चारों परगना खोर्धा राजा के सुपुर्द करने के कंपनी सरकार के इन वादों के साथ दिए गए प्रस्ताव पर खोर्धा राजा ने भी अपनी सहमति दे दी थी।[14] हालाँकि खोर्धा राजा की सहायता और सहयोग के लालच के कारण ही कंपनी सरकार ने ऐसा वादा किया था,[15], लेकिन खोर्धा के गजपति भी अपने स्वार्थ को पूरा करने के लिए ब्रिटिश कंपनी के छल भरे इस प्रस्ताव के लोभ का शिकार हो गए। यह विश्वास किया जाता है कि राजीनामा गंजाम में हुआ था, इसलिए माना जाता है कि जयी राजगुरु इस विषय पर पूर्ण रूप से अनभिज्ञ थे। बाद में जयी राजगुरु को जब इस प्रस्ताव के बारे में पता चला तो वे बहुत परेशान हो गए और उस समझौते का विरोध किया।

8 अक्तूबर, 1803 को ब्रिटिश सेना ने कैंपबेल के नेतृत्व में गंजाम से मराठा विरोधी अभियान की शुरुआत की थी, पर तीन दिन बाद ही कैंपबेल की तबीयत खराब हो जाने पर उनकी जगह कर्नल हारकोट ने सेना का नेतृत्व सँभाल लिया था। कटक पर अधिकार करने के बाद जमीन का मुआयना और भू-बंदोबस्त की जाँच-पड़ताल करने के लिए हारकोट के साथ जॉन मेलविले नामक एक प्रशासनिक अधिकारी भी शामिल हुए थे। पाँच दिन की लंबी यात्रा

के बाद ब्रिटिश सेना 13 सितंबर को मीठा कुआँ पर पहुँचे और उसके दूसरे दिन यानी 14 सितंबर को माणिकपाटणा गाँव अपने अधिकार में कर लिया था। उसके बाद नरसिंहपाटणा होते हुए हारकोट का अभियान पुरी की ओर अग्रसर हुआ। रास्ते में मराठा द्वारा किसी भी तरह का अवरोध नहीं किया गया और 18 सितंबर, 1803 को पुरी पर कब्जा कर लिया गया था।

गवर्नर जनरल वेलस्ली द्वारा ओडिशा पर अधिकार करने के लिए जारी किए गए आदेशनामे में पुरी दखल के समय उन निर्देशों का पालन करने में कुछ सतर्कता बरतने के लिए स्वतंत्र निर्देश जारी किया गया था। विधर्मियों के द्वारा पवित्र पुरी शहर पर अधिकार करने के समय किसी भी तरह का जन आक्रोश का सामना न हो, इसके लिए विशेष सतर्कता बरतने वाली एक सुनियोजित योजना की रूपरेखा तैयार की गई थी। ब्राह्मणों को प्रभावित करने के लिए सारे उपाय किए गए थे और इसी क्रम में उनके मन में यह विश्वास जगाया गया कि ब्रिटिश शासन के हाथों श्रीमंदिर सुरक्षित रहेगा। बंगाल के प्रसिद्ध पंडित जगन्नाथ महाशय के द्वारा, पुरी में रहनेवाले रूपचंद और दूसरे ब्राह्मण वर्ग के उद्देश्य से लिखे एक पत्र में परामर्श दिया गया था कि 'ब्रिटिश सरकार के साथ संबंध रखने में उपजे भय कारणविहीन हैं, क्योंकि वे प्रजा हितैषी शासक के रूप में प्रसिद्ध हैं।'[16] इस पत्र की नकल 14 सितंबर, 1803 को मंदिर के प्रधान सेवक को मिली थी। इसका सकारात्मक असर सेवकों पर दो दिन बाद यानी 16 सितंबर, 1803 को ब्रिटिश सेना छावनी में नजर आया था।[17] इसी समय पुरी मंदिर के प्रतिनिधि के रूप में एक ब्राह्मण शहर से कुछ दूरी पर बने सेना के शिविर में संदेश दिया कि 'पवित्र पुरी मंदिर में ब्राह्मणों ने प्रभु जगन्नाथ से आवेदन कर उनके मंदिर के रक्षक कौन राजा होंगे, यह बताने का अनुरोध किया था और जगन्नाथ ने उनका आवेदन सुनकर स्पष्ट उत्तर दिया कि अंग्रेज सरकार ही भविष्य में उनकी अभिभावक होगी।'[18] मेलविले ने इस दैव संदेश को उपयोग में लाते हुए ओडिशा के राजा और जमींदारों को अपने पक्ष में करने के लिए इस संदेश को चारों तरफ प्रचारित किया था।[19] स्थानीय जनता पर इस संदेश का काफी प्रभाव नजर आया था।

सहज विश्वासी ओडिशा की प्रजा उस समय ब्रिटिश कंपनी की इस चतुरता को भाँप नहीं पाई थी और प्रताड़ित हुई थी। फिर 15 सितंबर, 1803 को श्वेत वस्त्र पहने कुछ ब्राह्मणों के प्रायोजित प्रतिनिधिमंडल ने कंपनी प्रशासन के पास श्रीजगन्नाथ मंदिर को ब्रिटिश सरकार सुरक्षा प्रदान करने का प्रस्ताव रखा था।[20] तथाकथित छल से भरे इस प्रस्ताव को ब्रिटिश सरकार ने सादर स्वीकार कर लिया था। इसका नतीजा यह हुआ कि कंपनी की सेना ने 18 सितंबर को बिना किसी विरोध या खून-खराबे के गर्व के साथ पुरी में प्रवेश किया। यहाँ यह उल्लेख किया जा सकता है कि तथाकथित 'जगन्नाथ का स्पष्ट उत्तर' का होशियारी से उपयोग करते हुए ब्रिटिश सरकार ने ओडिशा के देशीय राज्य के शासकों को कंपनी सरकार के सपक्ष में प्रभावित किया गया था। कंपनी प्रशासन की नजर में प्रभाव संपन्न प्रसिद्ध हिंदू धर्मपीठ श्रीजगन्नाथ मंदिर राजनीतिक फायदा उठाने का सबल जरिया नजर आया।[21] ब्रिटिश सरकार ने साम्राज्यवाद प्रसारण नीति का अनुसरण करते हुए अन्यायपूर्ण तरीके से ओडिशावासियों की सरलता, सादगी और जगन्नाथ प्रभु पर उनके अखंड विश्वास का उपयोग करने में कोई संकोच नहीं किया था।

पुरी पर अधिकार कर लेने के बाद हारकोट की कार्यसूची का पहला पर्याय सफलता के साथ संपन्न हो गया। पहले से किए गए वादे के मुताबिक खोर्धा के राजा द्वितीय मुकुंद देव ने अपने राज्य में ब्रिटिश सेना का विरोध नहीं किया था। ब्रिटिश सेना के पुरी पर अधिकार करने के समय वह बस दर्शक बने रहे, परोक्ष रूप से उन्होंने ब्रिटिश सेना के इस कार्य का समर्थन किया था। पुरी दखल के ठीक पहले श्रीमंदिर के सेवकों ने आक्रमणकारियों का स्वागत किया था, ऐसी सूचना मिलती है, हालाँकि राजा के अनजाने में सेवकों द्वारा ऐसा किया जाना असंभव लगता है।[23] इकरारनामे के तहत राजा तीन हजार सैनिकों को भेजकर मराठा को ओडिशा से बाहर करने के लिए हर संभव मदद को तैयार थे। पुरी अभियान के समय मराठा सेना ने अंग्रेजों को रोका जरूर था, पर उन्हें रोक पाने में वे सफल नहीं हो पाए थे।

इसके बाद पहले से तय की गई योजना के तहत अंग्रेज सेना ने

बाटगाँव, दाँडमुकुंदपुर, पिपली होते हुए कटक की तरफ कूच किया। 4 अक्तूबर को दाँडमुकुंदपुर में मराठा सेना के साथ ब्रिटिश सेना की मुठभेड़ हुई, पर मराठा सेना परास्त हो गई। आखिर में 14 अक्तूबर को बारबाटी दुर्ग पर ब्रिटिश सेना ने अधिकार कर लिया। कटक में स्थित बारबाटी दुर्ग पर सहजता से अधिकार कर लेने के कारण खोर्धा राजा से, उनके वादे के मुताबिक, मदद लेने की जरूरत नहीं पड़ी।[24] इसलिए वादे के इकरारानामे के तहत दिए जानेवाले एक लाख रुपए में से सिर्फ दस हजार खोर्धा राजा को अग्रिम दे दिया गया।[25] आखिर में सभी आशा-आशंका का खात्मा हो गया और 17 दिसंबर, 1803 को देवगाँव समझौता बना, जिसके आधार पर भोंसले राजा को समग्र उपकुल ओडिशा (Province of Cuttack) ब्रिटिश ईस्ट इंडिया के सुपुर्द करना पड़ा।

गजपति का नैराश्य

युद्ध की समाप्ति और ओडिशा पर अधिकार के बाद बहु आकांक्षित चारों मूल्यवान् परगना, लिंबाइ, सिराइ, राहांग और चौबिसकुद कंपनी के अधीन हो गया और यह स्वाभाविक था कि खोर्धा राजा उन परगनाओं का प्रत्यर्पण करने की आतुरता के साथ इंतजार में थे, पर कंपनी सरकार का उन चारों मूल्यवान् परगनाओं को खोर्धा के राजा के सुपुर्द करने का कोई इरादा नहीं था। बारबाटी दुर्ग पर अधिकार और मराठा शासन के पतन के बाद कंपनी प्रशासन ने एक विज्ञप्ति जारी करते हुए सभी देशीय राजा और जमींदारों को ब्रिटिश शासन की अधीनता स्वीकार करने के लिए आह्वान किया था। इसके साथ ही अधीनता स्वीकार करने के प्रमाण के तहत एक निर्दिष्ट वार्षिक कर कंपनी को देने का निर्देश भी जारी किया। इसमें खोर्धा राजा की स्वतंत्रता या पहले किए गए वादे के तहत पुरुषोत्तम क्षेत्र और चारों परगनाओं का प्रत्यर्पण करने के बारे में कोई सूचना नहीं थी। कंपनी प्रशासन के इस तरह अपने वादे से मुकर जाने से स्वाभाविक तौर पर राजा बहुत मर्माहत और निराश हुए थे। खोर्धा राजा के साथ कर्नल हारकोट के बीच हुए समझौते पर 21 सितंबर,

1803 को मेलविले ने एक रिपोर्ट अंग्रेज सरकार को दी थी। उस रिपोर्ट में सिर्फ एक लाख रुपया देने की बात लिखी हुई थी, लेकिन परगना सुपुर्द करने की बात नहीं कही गई थी। (Guide to Orissan Records, vol-11, S.C. De (ed.), Odisha State Archives, Bhubaneswar, P, V11, Para14) इस घटना से यह बात स्पष्ट हो जाती है कि खोर्धा राजा के साथ अंग्रेजों ने धोखा किया।

कंपनी प्रशासन ने 29 नवंबर, 1803 को खोर्धा राजा के पास अपने एक प्रतिनिधि के हाथ पत्र भेजकर इकरारनामें पर अपनी मोहर लगाने के लिए अनुरोध किया था।[26] हालाँकि विज्ञप्ति के प्रकाश में आने के बाद कई देशीय राजा और जमींदारों ने उस इकरारनामा के तहत अंग्रेजों की अधीनता स्वीकार कर ली थी, पर खोर्धा के राजा ने इस ओर कोई ध्यान नहीं दिया। जयी राजगुरु के परामर्श के चलते खोर्धा के राजा उस पत्र पर अपनी मोहर नहीं लगा रहे हैं, इस बात का पता चलने पर 16 दिसंबर, 1803 को कंपनी सरकार ने फिर एक बार पत्र लिखकर इकरारनामे पर मोहर लगाने का अनुरोध किया।[27] पर राजा द्वितीय मुकुंद देव ने कोई भी प्रतिक्रिया न देते हुए मौन रहना श्रेयस्कर समझा। उसके बाद कंपनी सरकार ने राजा पर दबाव डालने के लिए दूसरे रास्ता अपनाया।

ब्रिटिश कमिश्नर का विचार था, चूँकि राजा चंचल स्वभाव के अनुभवहीन युवक हैं, इसीलिए वे राजगुरु की 'कुशिक्षा' के वशीभूत होकर अंग्रेज-विरोधी नीति अपना रहे हैं। इसी समय कर्नल हारकोट ने गोविंद राय महाशय नाम के एक कानूनगो (Revenue Officer) को खोर्धा राजा के पास भेजा। गोविंद राय को स्पष्ट निर्देश दिया गया था कि वे राजा को जयी राजगुरु के नियंत्रण से मुक्त होने के लिए उकसाकर इकरारनामे पर दस्तखत कराकर ले आएँ।[28] राजा को यह प्रलोभन भी दिया गया था कि अगर वे अपने उपदेष्टा को उनके पद से हटा देंगे तो उनको नकद पचास हजार रुपए देने की व्यवस्था की जाएगी। इसके साथ ही राजा को यह चेतावनी भी दी गई थी कि उनके सहयोग न करने की स्थिति में वे अंग्रेजों की नाराजगी के शिकार

होंगे।[29] कंपनी सरकार की नजर में राजा के उपदेष्टा थे जयी राजगुरु, जो उस समय खोर्धा प्रशासन के सबसे महत्त्वपूर्ण व्यक्ति थे। ब्रिटिश सरकार ने सोचा था कि राजा भयभीत होकर या धन के लोभ में आकर उनकी कारसाजी का शिकार हो जाएँगे और जयी राजगुरु को उनके पद से हटाने का आदेश देंगे।[30] पर राजा राज्य के प्रति राजगुरु की प्रतिबद्धता और उनके समर्पित जीवन से इतने ज्यादा प्रभावित थे कि अंग्रेज सरकार की प्रलोभन और दंड-भेद (फूट डालो और राज करो) की नीति भी सफल नहीं हो पाई थी, बल्कि अंग्रेजों के इस तरह के व्यवहार से जयी राजगुरु का मनोभाव कंपनी सरकार के प्रति और भी कठोर तथा अनमनीय (पूछना है) हो गया था।

2 जनवरी, 1804 को संबलपुर पर अधिकार हो जाने के बाद कंपनी सरकार ने ओडिशा के ज्यादातर इलाकों को अपने अधिकार में ले लिया था, पर तब तक खोर्धा राजा ने इकरारनामा स्वीकार नहीं किया था, इसलिए इकरारनामे को 6 तारीख को राजा के पास भेजकर उन पर दस्तखत के लिए दबाव बनाया गया था। राजा ने फिर भी दस्तखत न करते हुए उन्हें वापस कर दिया था। बार-बार असफल होने के बाद 20 फरवरी, 1804 को एक बार फिर प्रयास करते हुए राजा को 'प्रभाव' से मुक्त रहने के लिए हिदायत दी गई थी। इसके साथ ही राजा को उनके परामर्शदाता जयी राजगुरु को तुरंत कटक भेजकर हारकोट के साथ भेंट करने का अनुरोध किया गया था। कंपनी सरकार की तरफ से यह आश्वासन दिया गया था कि राजगुरु के प्रति किसी भी तरह का अनुचित या अशोभनीय व्यवहार नहीं किया जाएगा।[31] उसी दिन जयी राजगुरु के पास एक पत्र भेजकर उन्हें कटक आकर खोर्धा राजा के बारे में आलोचना करने के लिए आग्रह किया गया था और आश्वासन दिया गया था कि उनके यानी राजगुरु के साथ उत्तम व्यवहार किया जाएगा।[32] ब्रिटिश सरकार के इस तरह के बदले हुए व्यवहार के प्रति जयी राजगुरु सहज अनुभव नहीं कर पाए थे, फिर भी 11 मार्च, 1804 को दो हजार सशस्त्र सेना के साथ उन्होंने कटक की ओर कूच किया था और कटक में बारबाटी दुर्ग में कर्नल हारकोट साक्षात् कर पहले के वादे के तहत बाकी धन प्रदान करने और

परगनाओं को प्रत्यारोपण करने की माँग रखी थी। मौके का फायदा उठाते हुए वार्षिक कर का अर्थ कम करने के लिए भी अनुरोध किया था, पर परगना वापस करने के लिए हारकोट ने साफ मना कर दिया। उन्होंने कुतर्क करते हुए प्रमाणित करना चाहा कि चूँकि ओडिशा पर अधिकार करते समय वह सारा परगना मराठा के शासन के अधीन था, इसलिए जीते हुए इलाके के तहत विधि के अनुसार, वह सब कंपनी के अधीन रहेंगे। यहाँ तक कि कर्नल हारकोट ने सूई की नोक के बराबर भी धरती न देने की बात करते हुए दंभ के साथ मना कर दिया था।[33] साथ ही वार्षिक कर को कम करने के लिए भी साफ इनकार कर दिया था।[34] हालाँकि पहले के वादे के मुताबिक चालीस हजार रुपए देने के लिए वे राजी हो गए थे। पहले तो जयी राजगुरु उस रकम को लेने के लिए तैयार नहीं हुए थे, पर बाद में अंग्रेजों के साथ होने वाली अनिवार्य लड़ाई की तैयारी के लिए यह रकम काम में लाई जा सकती है, यह सोचकर उन्होंने उस रकम को स्वीकार कर लिया था। उस रकम को सैनिकों को उनका बकाया वेतन देने में और लड़ाई की तैयारी में खर्च किया था जयी राजगुरु ने।[35]

कंपनी सरकार के इस तरह के व्यवहार से जयी राजगुरु अत्यधिक निराश होने के साथ ही व्यथित होकर खोर्धा वापस लौट गए थे। मानसिक व्यथा से पीड़ित होकर उन्होंने राजा से कहा था, 'मैंने कंपनी के साथ करारनामा दस्तखत न करने के लिए और सेना को सुरक्षित यात्रा करने की सुविधा न देने के लिए आपको सतर्क किया था।'[36] हारकोट का इरादा केवल परगना को न छोड़ने का ही नहीं था, बल्कि राजा के अधिकार में वंश परंपरा के क्रम में जितने भी इलाके थे, उन सब पर भी अधिकार करने का उसका इरादा था, जिसके बारे में राजगुरु ने चेतावनी भी दी थी।[37] कंपनी के साथ करार करने पर राजा एक अनुगत करद (कर्जदार) के रूप में जाने जाएँगे, यह जता दिया था।[38] ब्रिटिश सरकार के इस तरह से अपने वादे से मुकर जाने से राजा बहुत विचलित और किंकर्तव्यविमूढ़ हो गए थे। उन्हें इस बात का भरोसा था कि परगना उन्हें वापस मिल जाएगा, लेकिन प्रत्यावर्तन की आशा मुरझा जाने पर राजा बेहद निराश हो गए। कंपनी सरकार के इस बदले हुए मनोभाव ने राजा

को संपूर्ण अवाक् कर दिया था।

ब्रिटिश प्रशासनिक अधिकारी जॉर्ज टायनबी, जो कि राजस्व अधीक्षक के तौर पर कटक में नियुक्त थे, उनके द्वारा लिखी किताब, 'A sketch of the history of Orissa from 1803–1818' सन् 1873 में प्रकाशित हुई थी। उस समय के प्रशासन के एक अधिकारी के तौर पर गहराई से जुड़े रहने के कारण ओडिशा पर अंग्रेजों के अधिकार करने से पहले के शासन के बारे में चमत्कारी विवरण उस किताब में दर्ज किया है। उन्होंने लिखा है कि 'हम जब सन् 1803 में ओडिशा पर अधिकार करने के लिए निकले थे, उस समय खोर्धा के राजा ने हमारा पक्ष लिया था और बेशक इसके पीछे का कारण उन परगनाओं को वापस पाने की उनकी आशा ही था।'[39] यह स्पष्ट है कि पूर्व में कंपनी प्रशासन के अधिकारियों की परगना वापस न करने की कोई मंशा नहीं थी और उनकी इसी इच्छा ने खोर्धा राजा को ब्रिटिश का समर्थन करने के लिए उत्साहित किया था, पर कटक में बारबाटी दुर्ग स्थित मराठा मुखयालय को आसानी से अपने कब्जे में कर लेने के बाद कंपनी बहुत प्रफुल्लित हो गई और अपने पहले के किए गए वादे से मुकर जाने में उसने थोड़ा सा भी संकोच नहीं किया था। इसी तरह से ब्रिटिश सरकार ने पहले से ही बहुत ही निकृष्ट राजनीति और अशिष्ट कूटनीति का स्पष्ट उदाहरण पेश किया था।

दूसरी तरफ राजा मुकुंद देव अलग-अलग विचार प्रकट कर इकरारनामे पर दस्तखत करने को टालते रहे। इसलिए कमिश्नर ने राजा को प्रस्तावित इकरारनामे की विषय-वस्तु की स्पष्ट व्याख्या करने के लिए एक देशीय पदाधिकारी को उनके पास भेजा था। उस अधिकारी ने राजा को उनके अनुचित व्यवहार (कंपनी सरकार की नजर में) और उसके परिणाम के बारे में सतर्क करा दिया था।[40] राजा ने भेजे गए अधिकारी का परामर्श धीरज के साथ सुना, पर तुरंत इकरारनामे पर हस्ताक्षर करने का कोई आग्रह नहीं दिखाया, इसलिए राजा को चेतावनी देने के लिए स्वतंत्र प्रतिनिधि को 48 घंटे में खोर्धा राजदरबार से लौट आने के लिए आदेश दिया गया था। आखिर

में 14 अगस्त, 1804 को कंपनी सरकार ने अत्यधिक दबाव डालते हुए जबरदस्ती खोर्धा राजा से इकरारनामे पर दस्तखत करवा लिये और राजा के मुख से ग्लानि से भरे यह शब्द निकलवाए कि 'उन्होंने ब्रिटिश सरकार के साथ मित्रता का संबंध लौटा लिया।'[41] इस तरह से परगनाओं को लौटाने का द्वंद्व पूरी तरह से मुरझा गया था। वैसे भी कंपनी सरकार का खोर्धा राजा को चारों परगना सौंपने का कोई इरादा नहीं था और इकरारनामे पर मोहर लगने के बाद उससे जुड़ी हर भावना का खात्मा हो गया था।

क्रोध और हताशा के बीच राजा ने अपना वार्षिक कर जानबूझकर नहीं दिया था। उसी कारण से कमिश्नर ने 1 अगस्त, 1804 को एक पत्र के जरिए राजा को बिना देरी किए अपना वार्षिक देय देने के लिए निर्देश दिया था। इसके साथ ही राजा को यह सूचित किया गया था कि उनके लिए बने सम्मानजनक विधिबद्ध वस्त्र (पोशाक) कलकत्ता से आने पर उन्हें भेज दिया जाएगा।[42] इसके बावजूद राजा ने उक्त निर्देश का पालन करने में जल्दबाजी नहीं किया। पुनश्च, कमिश्नर ने 1 अक्तूबर, 1804 को पत्र के जरिए उनको सूचित किया कि यदि उन्होंने सरकारी आदेश की अवमानना की, तो इसके लिए उन्हें उनके न्यायिक तौर पर मिलनेवाले प्राप्य से वंचित कर दिया जाएगा।[43] राजा के इस तरह के नकारात्मक मनोभाव के लिए जयी राजगुरु को ही दोषी करार दिया गया। इसलिए उनको प्रभावहीन करने के लिए कंपनी प्रशासन ने गुलाम अमीन नामक व्यक्ति को राजा के उपदेष्टा का कार्य करने के लिए खोर्धा में रख दिया। राजा द्वितीय मुकुंद देव को उनके उपदेश के अनुसार काम करने के लिए निर्देश दिया गया था।

इस संदर्भ में विदेशी शक्ति के साथ मुकाबला करना अनिवार्य था। खोर्धा राज्य की निर्भीक जनता कंपनी सरकार के इस हद तक किए गए विश्वासघात को और सहन कर नहीं पाई थी। स्वाभाविक तौर पर खोर्धा राजा ब्रिटिश सरकार के अशिष्ट व्यवहार से बहुत खिन्न हो गए थे। कंपनी सरकार के जानबूझकर अपना वादा तोड़ने तथा उनके गलत कार्य ने जयी राजगुरु को बहुत गुस्सा दिलाया था और वे विदेशी शासन का प्रतिरोध करने के लिए

दृढ़प्रतिज्ञ हुए थे। एक आत्मज्ञानी और बहुत ही साहसी व्यक्तित्व के धनी थे जयी राजगुरु। वह चहुँओर की परिस्थिति का अनुमान लगाते हुए आसन्न युद्ध के लिए हर तरह की तैयारी में जुट गए थे।

मराठा का पतन और खोर्धा राज्य का ब्रिटिश ओडिशा में पूर्ण विलय हो जाने के आखिरी निर्णय की घड़ी आम जनता के लिए एक संशययुक्त उत्कंठा का समय था। कटक अधिकार के बाद ब्रिटिश सरकार मराठा राजस्व नीति में कुछ बदलाव करते हुए उसे प्रचलन में लाई थी। उस समय पहले की तरह राजस्व वसूली का काम मराठा शासन के 'अमिल' किया करते थे। सबसे ज्यादा राजस्व की उगाही करना ब्रिटिश का मुख्य उद्देश्य था, पर जब ओडिशा में राजस्व की वसूली में भारी गिरावट आई तो कंपनी प्रशासन ने गुस्से में आकर इसे अमिलों की जानबूझकर की गई अवहेलना का नतीजा माना। बहरहाल आशा और आशंका के बीच जनता कर देने में कोताही करने लगी। इस काल में राजस्व वसूली काफी हद तक प्रभावित हुआ था। इससे स्पष्ट हो जाता है कि जनता का ब्रिटिश सरकार के प्रति विश्वास नहीं पनप पाया था। जनता में ब्रिटिश सरकार के प्रति निःशर्त प्रतिबद्धता का भी अभाव नजर आता था।

उसी तरह से श्रीमंदिर के सेवक और पूजकों में कंपनी सरकार द्वारा पुरी पर अधिकार करने के समय मिलनेवाला सुख ज्यादा दिन नहीं रहा। ब्रिटिश सरकार द्वारा यात्री कर (Pilgrim Tax) को हटा लेने को राजस्व देकर खेती करनेवाली प्रजा सहजता से स्वीकार नहीं कर पाई थी, जबकि यह एक बहुत ही अच्छी काररवाई थी। ओडिशा पर मुगलों के अधिकार कर लेने के बाद हिंदुओं की पूजा-पद्धति के प्रति सहनशील होने की बजाय वे यात्री कर वसूल करते थे। आर्थिक कारणों के चलते मराठा ने इस कर को खत्म नहीं किया था, पर ब्रिटिश सरकार ने जनहित में इस कर को खत्म किया था, हालाँकि इससे सेवक और पूजकों को नुकसान हुआ था, क्योंकि वे इस कर के एक अंश का उपभोग करते थे और फिर इस कर के हट जाने के बाद मंदिर की आय में भी कमी आ गई थी। इसी समय में मंदिर में कुव्यवस्था

और दुर्नीति भी नजर आने लगी थी। श्रीजगन्नाथ की पूजा-अर्चना में भी बहुत अव्यवस्था दिखाई देने लगी थी। मराठा के समय से ही गजपति को मंदिर के दायित्व से मुक्त रखा गया था। चार्ल्स ग्रॉम (Collector, Southern Division, Report on the Temple of Jagannath-10 June, 1805) ने अपने विवरण में लिखा है कि मंदिर का दायित्व राजा के हाथ में रहने के समय सब कुछ नियंत्रण में था, पर मराठा शासन के समय में सब में ढील नजर आने लगी। दोषी को दंड नहीं दिया जाता था और मंदिर के सेवक, कर्मचारी भ्रष्ट हो गए थे। उदाहरण देते हुए चार्ल्स ग्रोम ने मंदिर का संचालन करनेवाले तीसरी श्रेणी के कर्मचारी, शिवाजी पंडित के बारे में लिखा था कि 'वह बहुत भ्रष्ट थे।' इस तरह से गजपति को मंदिर प्रशासन से हटा देना और मंदिर में हो रही अव्यवस्था, भ्रष्टाचार से आम जनता बहुत परेशान हो गई थी।

पर सबसे ज्यादा जन-असंतोष का मुख्य कारण ब्रिटिश सरकार का विश्वासघात था। इसे जनता सहजता से स्वीकार नहीं कर पाई थी। इसलिए खोर्धा में अंग्रेजों का विरोध शुरू हो गया था और जनता विदेशी शासन को शुरू से ही संदेह की नजर से देखने लगी थी। गजपति को दिए गए धोखे ने ओडिया जाति को व्यथित और विक्षुब्ध कर दिया था। इतिहास के इस तरह के एक संकट भरे पलों में समय का आह्वान स्वीकार करते हुए ब्रिटिश सरकार के विरुद्ध प्रतिवाद की पैनी आवाज उठाने में समर्थ हुए थे जयी राजगुरु। यही शक्ति जनता की इच्छा शक्ति का प्रतिफलन था। विदेशी शक्ति का प्रतिरोध एक तरह से निश्चित हो गया था। राजा और राजगुरु के इस कार्य को जनता का पूरा समर्थन मिला था। ब्रिटिश साम्राज्यवादी प्रभुता के विरोध में जयी राजगुरु ने सुचिंतित रणकौशल तैयार किया था। खोर्धा राजा और राज्य की सुरक्षा के लिए उस निर्दिष्ट कालखंड में जयी राजगुरु परिचालक के तौर पर उभरकर आए थे।

संदर्भ—

1. एच.के. महताब और एस.सी. डे (ed.), History of the Freedom Movement in Orissa, Vol...., पृ. 58

2. एम. मार्टिनस् (ed.) Despatches of the Marquies of Wellesley during his administration in India, Vol.. London, 1832, पृ. 269–270
3. के.एम. पात्रा An Advanced History of Orissa, New Delhi, 1938, पृ. 5
4. Government to j. Melville and J. Campbell, 3 September, 1803, Quoted from बी.सी. राय, Orissa under the Marathas, Allahabad, 1960, पृ. 109
5. आर. ओरम, History of transactions of the British Government in in India, पृ. 127–128
6. बी.सी. राय Orissa under the Marathas, Alaahabad, 1960, पृ. 112.
7. लेफ्टिनेंट कर्नल हरकोर्ट to Government, 5 November, 1803, वही
8. j. Melville to Government, 3 October, 1803. वही पृ. 113
9. 'Petition of the Raja of Khurda to the British Government for mercy', (A true translation), Accession No. 296, Board Proceedings Judicial, Odisha State Archives, Bhubaneswar.
10. बी.सी. रॉय, Foundations of British Orissa, Cuttack, 1960, पृ. 51 Such statements from Jayee Rajguru appear quite credible. Harcourt in many of his letters to the Government has put the blame on Rajguru for hostilities between the Raja and the British Government. In one of them he said, "It appears the Raja himself is not inimical to us but his Dewan is extremely so and he controls everybody and everything at Khurda." (vide Harcourt to Shawe, 23 October, 1804. Add. Mss. 13610, p. 102, Also Buller to Government, 12 February, 1809, Bengal Board of Revenue Proceedings, February, 1809, No. 11). Quoted from B.C. Ray, Foot Note-1
11. पी.के. पटनायक, A forgotten chapter of Orissa history, Culcutta, 1979, पृ. 124
12. 'Petitionof the Raja of Khurda to the British Government for mercy,' op.cit.

    According to the petition for mercy the British authorities promised to pay one lakh of rupees in cash and restore the four parganas to the Raja. But, according to the letter of Melvile to the Government dated the 21 September, 1803, the British promised to pay one lakh rupees but did not make any reference to commitment about the restoration of the four parganas. It was a deliberate omission to cover up the fraud committed to the people of Orissa. But the statement made in the Raja's petition may be accepted in consideration of the fact that the Raja had been trying to recover those four parganas for long and it was the promise of restoration of those parganas, not the petty cash of one lakh rupees which would have influenced the Raja to make an alliance with the British

13. केदार नाथ महापात्रा, Khurda Itihas, Bhubaneswar, 1969, पृ. 290
14. वही
15. एच.के. महताब और एस.सी. डे (ed.) History of the Freedom movement in Orissa, Vol... पृ. 73
16. Bengal Secret and Persian correspondence (trans.) letter receipt No, 180 of 1803
    के.एस. बेहरा, et. al (ed.) Charles Grome's report on the temple of Jagannath 10 June, 1805, p. .... Published by Odisha State Archives, Bhubaneswar, 2002
17. वही
18. Melville to Government, 11 September, 1803, Secret and political Consultatons No, 13 of 1 March, 1804, वही
19. Same to same, 19 September, 1803, Secret and political Consultations, No.14 of 1 March, 1804, वही
20. डब्ल्यू.डब्ल्यू. हंटर, History of Orissa, London, 1872, पृ. 56, वही
21. वही
22. एच.के. महताब और एस.सी. डे (ed.). History of freedom movements in Orissa, Vol.. op.cit, पृ. 73
23. पी.के. पटनायक, op.cit, पृ. 125
24. बी.सी. रॉय, Foundations of British Orissa,op.cit, पृ. 49
25. जी. हारकोर्ट और जे. मेलविल्ले to Government, 1 October, 1804, वही पृ. 50
26. एच.के. महताब और एस.सी. डे (ed.), History of the freedom movement in Orissa, Vol.1, op.cit, पृ. 73
27. वही, पृ. 74
28. वही
29. वही
30. पी.के. पटनायक, A forgotten chapter of Orissa history, Calcutta, 1979, पृ. 127
31. एच.के. महताब और एस.सी. डे (ed.), op.cit, पृ. 74–75
32. वही, पृ. 75
33. Petition of the Raja of Khurda to British Government for mercy, op.cit, OSA.
34. Turner to Government. 10 October, 1806 (Quoted from B.C.

Ray, Foundation of British Orissa, op.cit.) पृ. 50
35. 'Petition of the Raja of Khurda to British Government for mercy', op.cit,OSA.
36. वही
37. वही
38. पी.के. पटनायक, op.cit, पृ. 126
39. जी. टॉयन्बी, A Sketch of the history of Orissa from 1803 to 1828 (Published in a revised formate by Prafulla) Jagatsinghpur, 2005, पृ. 14
40. पी.के. पटनायक, op.cit, पृ. 128
41. जी. हारकोर्ट और जे. मेलविल्ले to Government. 1 October, 1804 Bengal Secret and Political Consultations, 4 April, 1805, No-1. (Quoted from B.C. Ray, Foundations of British Orissa, पृ. 53)
42. एच.के. महताव (ed.) op.cit. पृ. 75
43. वही
44. वही

□

6

औपनिवेशिक शक्ति का प्रतिरोध

औपनिवेशिक शक्ति के साथ युद्ध की संभावना बहुत नजदीक थी और उस आह्वान का उचित जवाब देने के लिए एक सुचिंतित युद्ध कौशल की रूपरेखा तैयार की थी जयी राजगुरु ने, हालाँकि देशीय सेना शत्रु की सेना के समकक्ष नहीं थी, फिर भी जयी राजगुरु की प्रबल इच्छाशक्ति और कर्तव्यपरायणता ने जनता और पाइक सैनिकों को युद्ध में हर तरह की सहायता और सहयोग देने के लिए उत्साहित और प्रेरित किया था। खोर्धा राजा के आत्मसम्मान और प्रतिष्ठा की रक्षा करने के साथ ही ब्रिटिश विस्तारवाद (expansionism) नीति का प्रतिरोध करना इस विस्तृत कार्यक्रम का उद्द्देश्य था।

एक प्रवीण कूटनीतिज्ञ के तौर पर जयी राजगुरु यह भलीभाँति अनुभव कर चुके थे कि शक्तिशाली ब्रिटिश सेना का विरोध अकेले करना बहुत कठिन है। इसलिए मराठा के साथ औपनिवेशिक शक्ति के प्रतिरोध के लिए किए गए समूह उद्यम के समय उन्होंने बेरार के राजा को भी प्रस्ताव भेजा था, हालाँकि 1803 में अंग्रेज से पराजित होने के बाद उनकी शक्ति काफी कम हो चुकी थी। वे सिंधिया, होलकर, भोंसले और पेशवा इस तरह से चार दल में बँट गए थे। फिर भी रघुजी भोंसले खोर्धा राजा के प्रति सहानुभूति रखते थे। रायपुर में अवस्थापित नागपुर सरकार के ऊँचे पद पर आसीन अंताजी नायक को खोर्धा राजा के साथ इस बाबत आलोचना करने के लिए भेजा गया था और उसमें सफल भी हुए थे, ऐसा माना जाता है। बदकिस्मती से पत्र लेकर लौटते हुए वह व्यक्ति संबलपुर में अंग्रेजों के हाथों पकड़ में आ गया और उससे सारे

कागजात जब्त कर लिये गए थे। रघुजी भोंसले को लिखे पत्र में अंताजी नायक ने लिखा था, 'मैं रायपुर से आकर खोर्धा के राजा से मिला हूँ। खोर्धा के राजा ने एक हजार घोड़े और सेना देने के लिए अनुरोध किया है और उनका सारा खर्च खुद देने के लिए राजी हैं। इसके अलावा कुछ अश्वारोही और बंदूक चला सकने वाले तालीम प्राप्त सैनिकों को रघुराम बक्सी के नेतृत्व में भी भेजने का अनुरोध किया है। राजा और मैंने युद्ध के लिए एक शुभ मुहूर्त भी तय किया है। साथ ही रघुराम बक्सी के नेतृत्व में मराठा सेना के आने का भी प्रचार कर रहे हैं, जो कि देशीय राजा और जमींदारों को उनके पक्ष में समर्थन करने के लिए प्रभावित किया है।'[1] इसमें कोई शक नहीं है कि खोर्धा के राजा और मराठा (रघुजी भोंसले) के बीच कंपनी के विरोध में आपसी समझौता हुआ था। इस घटना की सत्यता की पुष्टि रायगढ़ के जमींदार और नागपुर के रेजिडेंट एलफिनस्टोन द्वारा की गई थी, पर कंपनी सरकार की सतर्कता के कारण खोर्धा राजा मराठा की मदद से वंचित रह गए थे।[2]

खोर्धा राजा ने दूसरे देशीय राज्य के मुखिया और जमींदारों के साथ संपर्क कर उनसे अंग्रेजों के विरुद्ध मिलकर कार्य करने का आह्वान किया था। एक प्रभावशाली व्यक्ति, शंभू भारती, जो ब्रिटिश की नजर में एक संन्यासी या दरिद्र भिक्षु (A mendicant or Fakir) थे और ब्रिटिश राजस्व नीति के चलते, जिन्हें बहुत नुकसान हुआ था, का इस कार्य में उपयोग किया गया था।[3] शंभू भारती के बारे में ब्रिटिश धारणा बहुत अतार्किक थी। जो व्यक्ति भीख माँगकर अपना गुजारा करता था, उसका ब्रिटिश राजस्व द्वारा प्रभावित होना एक हास्यास्पद बात थी। असल में वे एक व्यवसायी थे और उनका व्यावसायिक संबंध खोर्धा से बाहर दूसरे देशीय राज्यों के साथ भी था। कई देशीय राजा और जमींदारों के साथ उनके संबंध बहुत अच्छे थे। वास्तव में शंभू भारती खोर्धा प्रशासन के गुप्तचर विभाग के मुखिया थे और गुप्त तरीके से विभिन्न देशीय राजा और जमींदारों के साथ खोर्धा राजा की तरफ से कई समस्याओं पर आलोचना में महत्त्वपूर्ण भूमिका निभाते थे। वे जयी राजगुरु के बहुत ही विश्वस्त थे। इस क्रम में कनिका और कुंजक के राजाओं ने खोर्धा

राजा के ब्रिटिश विरोधी प्रस्ताव का आदर के साथ अनुमोदन किया था। विष्णुपुर, हरिशपुर, मरिचपुर आदि के जमींदार भी खोर्धा राजा के नेतृत्व में इस औपनिवेशिक विस्तारवाद नीति के विरुद्ध राज्यसंघ में बिना किसी द्वंद्व के जुड़ गए थे।

विदेशी शक्ति के साथ संभाव्य युद्ध का सामना करने के लिए सेना को सुसंगठित और व्यवस्थित करने में सभी कदम उठाते हुए सजग थे जयी राजगुरु। खोर्धा के दुर्ग का, 'उत्तर कबाट' (शक्ति और दक्षता के लिए प्राप्त उपाधि) जगन्नाथ हरिचंदन, खोर्धा के मंगराज वंश के रामकृष्ण मंगराज, बाघेइटांगी के 'बेहेरा प्रधान', बाउरीबंधु हरिचंदन आदि के सम्मिलित प्रयास से रणकौशल का निर्धारण किया गया था।[4] बाघेइटांगी वह जगह थी, जहाँ वे प्रतिष्ठित व्यक्ति जयी राजगुरु की नेतृत्व में एकत्रित होकर खोर्धा को साम्राज्यवादी शक्ति के नियंत्रण से मुक्त करने के लिए योजना तैयार करते थे। इसी समय पदनपुर के 'बेहेरा प्रधान', हरिड़ामड़ागढ़ के 'बिशोइ' मेंटाशाल के 'सामंतराय' परिवार जैसे समाज के धनी संप्रदाय के लोगों ने खोर्धा राजा को अंग्रेजों के कब्जे से मुक्त करने के लिए जयी राजगुरु की जातीयतावादी गोष्ठी में शामिल होकर पूरा समर्थन दिया था।[5] बाघेइटांगी की बाउरीबंधु हरिचंदन खोर्धा राजा के प्रधान थे और 'बेहेरा प्रधान' उनकी पदवी थी। उन्होंने राजा और राज्य की प्रतिष्ठा, सम्मान की रक्षा के लिए काफी प्रयत्न किया था, साथ ही समाज के उच्च वर्ग के विशेष व्यक्तियों को तथा सामंतों को संगठित करने में सहायक हुए थे। गंगपड़ा, जामुकोली, रामेश्वर, पाँचगाँगड़, हलदिया और हरिराजपुर के सेनापतियों ने और खुर्किगड़ के सामंत, खुदपुर के सामंत राय, व्यापारी वर्ग तथा खोर्धा की आम जनता ने जातीयतावादी कार्यक्रम का निष्ठा के साथ समर्थन और सहयोग किया था। बहुत कम समय में जयी राजगुरु अनिवार्य रूप से होनेवाले ब्रिटिश विरोधी युद्ध के लिए एक सुपरिकल्पित युद्ध कौशल तैयार करने में कामयाब हो गए थे।

समर कौशल के तहत सेना को दो हिस्सों में बाँटा गया था। सेना के एक बड़े हिस्से को ब्रिटिश सेना का प्रतिरोध करने के लिए गंगपड़ा में तैनात करने

की व्यवस्था की गई थी तो दूसरे दल को शत्रु के प्रवेश को गोरिल्ला युद्ध द्वारा रोककर दुर्ग की रक्षा करने का दायित्व दिया गया था।[6] इस संकट की घड़ी में कुराल के 'कंधराजा' पाइकराय ने राज्य की रक्षा के लिए गोरिल्ला सेना को खोर्धा भेजा था, साथ ही खुद भी युद्ध में जाने की घोषणा की थी।[7] इसने राजगुरु के आत्मविश्वास को बढ़ाया था।

युद्ध की सारी तैयारी कर जगन्नाथ मंदिर की विदेशी शासन से रक्षा करने के उद्देश्य से जरूरी उपाय करने के लिए जयी राजगुरु ने पुरी की यात्रा की थी। वहाँ उन्होंने मोहल्ले के मुखिया के साथ आलोचना कर श्रीमंदिर की विशेष व्यवस्था की थी।[8] इससे स्पष्ट हो जाता है कि कंपनी द्वारा पुरी दखल किए जाने बावजूद वहाँ के गजपति के प्रति आम जनता की आस्था और विश्वास अटूट था। पुरी शहर की सुरक्षा के लिए एक छोटी सी सेनावहिनी तैनात किए जाने की व्यवस्था की गई थी। पाँच मोहल्ले के मुखिया और युवकों ने छत्तीस नियोग समिति के नायक पट्टजोशी महापात्र के अधीन मंदिर की सुरक्षा की सारी जिम्मेदारी उठाई थी। बालिसुंदरा के अधीन सेनावाहिनी ने 'सुंदरजागा' नामक छावनी की स्थापना कर पूर्व दिशा की सुरक्षा का भार सँभाला था। खोर्धा वापस लौटने से पहले श्री जगन्नाथ और माँ विमला की विधि-विधान से पूजा-अर्चना करने के बाद कुछ चुने हुए पाइक योद्धा की छोटी सी वाहिनी ने मंदिर द्वार देश से शोभायात्रा निकालकर 'बड़दांड' में कुछ दूर यात्रा कर जहाँ विश्राम किया था, वह स्थान अब 'माजणा छाउणि' नाम से जाना जाता है।[9] राजगुरु वहाँ जब ठहरे थे तो उन्होंने खोर्धा की सेना के लिए खाद्य सामग्री और दूसरी जरूरत की चीजों की व्यवस्था की थी। जयी राजगुरु की पुरी की यह यात्रा बहुत महत्त्वपूर्ण थी और उन्होंने वहाँ सेवक, सेवायत और मठाधीशों को विधर्मी शासन का प्रतिरोध करने के लिए उकसाया था।

निर्णायक समय के आने से पूर्व जयी राजगुरु ने सारी व्यवस्था का संपूर्ण निरीक्षण किया था। कई महत्त्वपूर्ण स्थानों में सेना की संख्या में वृद्धि की गई थी। पाइक सैनिकों की तालीम के लिए कुछ मराठा सरदारों को नियुक्त किया गया था। राज्य की अंदरूनी सुरक्षा के लिए सड़क की मरम्मत का कार्य करने

के साथ ही डमपड़ा और बाणपुर जैसे महत्त्वपूर्ण जगहों पर सेना को तैनात किया गया था।[10] विभिन्न जगहों पर तोप और आग्नेयास्त्र को युद्ध के लिए रखा गया था। पूर्व में डेलांग, पश्चिम में तारातुआ और उत्तर में गंगपड़ा में शत्रु को प्रतिबंधित करने के लिए सेना को तैनात किया गया था।[11] खोर्धा के प्रवेश द्वार पर दो सौ सेना के साथ तीन सौ पाइकों को तोप, कमान आदि अस्त्र-शस्त्र के साथ तुरंत कारवाई करने के लिए तैनात किया गया था।[12] आखिर में खोर्धा के राजा ने कटक में स्थित उनके राजप्रतिनिधि को वापस बुला लिया था और उनके इस तरह के व्यवहार को कंपनी प्रशासन द्वारा अशिष्ट व्यवहार के तौर पर देखा गया।[13] इसी समय कुजंग और कनिका राजा अंग्रेज-विरोधी संग्राम में शामिल होने के लिए आगे आए थे। खोर्धा से एक मराठा सरदार को कनिका भेजकर सेना के मुखिया के रूप में नियुक्त किया गया था। इसके अलावा कई देशीय राजा और जमींदार भी इस विस्तारवाद विरोधी संग्राम में शामिल होने के लिए आगे आए। इस सभी युद्ध योजना की शुरुआत करनेवाले थे जयी राजगुरु, जो मातृभूमि के अस्तित्व और अखंडता को खतरे में डालने वाली हर मुसीबत को दूर करने के लिए दृढ़प्रतिज्ञ थे।

खोर्धा द्वारा इस लड़ाई की यह तैयारी ब्रिटिशों की नजर से छिपी नहीं थी। प्रतिरोध का रास्ता न अपनाने के लिए हारकोट ने खोर्धा राजा से कहा था, पर इसका कोई प्रभाव नहीं पड़ा था। खोर्धा प्रशासन द्वारा युद्ध की यह तैयारी कहीं उदाहरण बन अन्य देशीय राजाओं को अनुसरण करने के लिए प्रेरित न करे, यह भय हारकोट को परेशान करने लगा। उन्होंने खोर्धा की स्थिति के बारे में एक विवरण कंपनी सरकार को प्रेषित किया था। उसका सारांश यह था, 'हमारा सारा प्रयास असफल हुआ। मुझे डर है कि खोर्धा राजा का यह कार्य दूसरों पर बहुत प्रभाव डालेगा।' उन्होंने आगे लिखा था, 'खोर्धा राजा को उखाड़ फेंकना मेरा काम नहीं है। मेरी इच्छा है कि विभिन्न स्थानों में तैनात की गई सेना और प्रतिबंधकों को हटाए जाने के साथ ही ब्रिटिश विरोधी के साथ सारे संबंध तोड़ दिए जाएँ।'[14] उन्होंने यह भी लिखा था कि 'इस तरह के घटनाक्रम में उस व्यक्ति विशेष (खोर्धा के राजा) को एक उदाहरण स्वरूप

व्यवहार प्रदर्शन करना अनिवार्य हो गया है।'[15] उस विवरण में उन्होंने क्षुब्ध होकर लिखा था कि हमारे तार्किक मनोभाव को हमारी कमजोरी, हमारी चुप्पी को अज्ञता और सौहार्द प्रतिष्ठा करने के लिए किए गए हमारे आंतरिक प्रयास को शंका और भय के रूप में व्याख्यायित किया जा रहा है।[16]

पर लॉर्ड वेलस्ली उस समय और राज्य विस्तार करने के इच्छुक नहीं थे, क्योंकि उनकी उग्र आक्रमणात्मक नीति उस समय इंग्लैंड में कठोर समालोचना का मुद्दा बन चुकी थी। कंपनी के निदेशक मंडल ने भी भारत में की जा रही उनकी विस्तारवादी नीति का घोर विरोध किया था। उदाहरण के तौर पर जून 1804 में जब मराठा के विपक्ष में युद्ध शुरू किया गया, तब निदेशक मंडल ने वेलस्ली की काररवाई की पहले से ज्यादा दृढ़ता के साथ निंदा की थी।[17] वेलस्ली के उस समय के व्यक्तिगत सचिव श्री सॉ ने एक संदर्भ में हारकोट को लिखा था, 'लॉर्ड वेलस्ली के निर्देश में आपको अवगत कर रहा हूँ कि उनका (वेलस्ली) युद्ध का अनुभव काफी हो चुका है। अब और अधिक सामरिक कार्यानुष्ठान के लिए वे पूर्णतया अनिच्छुक हैं।'[18]

उस समय खोर्धा राजा के विरोध में शक्ति प्रयोग करने के लिए वेलस्ली की अनिच्छा का कारण मराठाओं के साथ लगातार युद्ध करना था। होलकर के साथ युद्ध करते समय वेलस्ली को खबर मिली थी कि मराठा के आम मुख्तार ब्रिटिश अनुगत देशीय राजा और जमींदारों के बीच अफवाह फैला रहे थे कि उन्हें (राजा और जमींदारों को) सत्ता से हटाकर ब्रिटिश के अधीन करना कंपनी सरकार का गुप्त आशय है। इसी कारण से वेलस्ली परेशान थे कि खोर्धा राजा के विरोध में किसी भी तरह की काररवाई उस अफवाह को और हवा देगी।[19] इसलिए वह उस समय किसी भी तरह की कोई सैन्य काररवाई करने का प्रयास नहीं कर रहे थे। साथ ही हारकोट को उपदेश दे रहे थे कि वे खोर्धा के राजा को अंग्रेज-विरोधी काररवाई से दूर रहने के लिए समझाएँ। उनका स्पष्ट निर्देश था कि अगर खोर्धा राजा के विरुद्ध शक्ति प्रयोग करना अनिवार्य है, तो मराठा युद्ध में होलकर के पतन तक रुकना उचित होगा।[20]

इस क्रम में कुजंग, कनिका और खोर्धा राजा के अंग्रेज-विरोधी संयुक्त कार्यक्रम को विफल करने के लिए हारकोट हर संभव उपाय कर रहे थे। देशीय राजाओं का खोर्धा राजा के पक्ष में एकजुट होने के प्रयास को व्यर्थ करने के उद्देश्य से सतर्कता बरतते हुए शंभू भारती, जो खोर्धा राजा की तरफ से विभिन्न राज्यों से गुप्त संवाद भेज रहे थे, को गिरफ्तार किया गया था।[21] उनके गिरफ्तार होने के बाद ब्रिटिश-विरोधी युद्ध के आयोजन में रुकावट होने लगी।

हारकोट ने भी जयी राजगुरु को उनके पद से हटाने के लिए खोर्धा राजा से दृढ़ता के साथ अपना मत रखा था। राजगुरु को लेकर कंपनी के अविश्वास और संदेह के कारण को विस्तार से समझाने के लिए कैप्टन ब्लंट नाम के एक अधिकारी को अधिकृत किया गया था।[22] ब्लंट के पहुँचने पर उनका स्वागत किया जाए, इसके लिए अनुरोध करते हुए एक संदेश भी खोर्धा के राजा को भेजा गया था। राजा मुकुंद देव ने पहले तो ब्रिटिश अधिकारी से भेंट करने के लिए अपनी सहमति प्रदान कर दी थी, पर शायद राजगुरु के परामर्श के चलते अपना इरादा बदल दिया था। दूसरे दिन संदेशवाहक को यह सूचना दे दी गई कि राजा ने अपना इरादा बदल दिया है और वे ब्लंट से मुलाकात नहीं करेंगे। साथ ही यह भी कहलवा दिया गया कि ब्लंट को खोर्धा आने की जरूरत नहीं है, हालाँकि इसके बाद भी उस दूत ने राजमहल से न जाकर, राजा के साथ आलोचना करने की आशा से, कुछ दिन और इंतजार किया। वह राजमहल में 14 दिन तक रुका रहा, पर राजा के साथ उसकी मुलाकात नहीं हो पाई। उसी बीच उस दूत के वहाँ से कुछ गुप्त तथ्य संग्रह करने की सूचना मिली। इसलिए उसे तुरंत खोर्धा छोड़कर चले जाने के लिए निर्देश दिया गया और ऐसा न करने से उसका परिणाम भयावह होगा, इसकी चेतावनी भी दे दी गई।[23] इसके बाद दूत को कटक वापस लौट जाने के लिए विवश होना पड़ा। लौटते समय राज्य की सीमा पर कुछ डाक कर्मचारियों को खोर्धा के भीतर प्रवेश करते देखकर उनके हाथों दूत ने राजा के नाम एक पत्र भेजने का प्रयास किया था, पर इसमें वह कामयाब नहीं हो पाया था।[24]

दूसरी ओर कटक में हारकोट से भेंट कर आलोचना करने पर भी परिणाम नहीं निकला। उसके बाद जयी राजगुरु अपनी भ्रांति से मुक्त हो गए। प्रशासन के विश्वासघाती मनोभाव से उन्हें क्रोध आया था। राजा मुकुंद देव भी आवश्यकतानुसार अपना अधिकार जताने के लिए दृढ़ थे। कटक से निराश लौटने के बाद राजगुरु ने ब्रिटिश अधिकारियों की खुले तौर पर तौहीन करते हुए वही चार लिंबाइ, सेराइ, राहांग और चौबिसकुद परगना को सेना भेजी थी। वहाँ पहले से ही तैनात ब्रिटिश सेना के साथ राजगुरु की सेना की तलवारबाजी हुई थी।[25] कर्नल हारकोट द्वारा परगना नहीं लौटाने के फैसले के कारण जगन्नाथ की सेवा-पूजा में घोर अव्यवस्था होने की आशंका के चलते जयी राजगुरु ने श्री जगन्नाथ की 'रथयात्रा' के लिए आवश्यक धन की व्यवस्था की थी। उसी क्रम में जयी राजगुरु ने चौबिसकुद के तहसीलदार मुरारी पंडित को दो हजार मजदूर और बढ़ई भेजने का निर्देश दिया था। निर्देश न मानने पर शक्ति प्रयोग करने की चेतावनी भी दी गई थी[26] और साथ ही जयी राजगुरु ने कुछ राजकर्मचारियों को नियुक्त कर अंग्रेज अधिकृत प्रदेश से भी कर प्राप्त करने के लिए निर्देश दिया था। जुलाई 1804 महीने में राजा द्वितीय मुकुंद देव ने पिपली के पास स्थित बाटगाँव से कर अर्जित करने के लिए अच्युत बारिक को नियुक्त किया था।[27] सितंबर महीने में डंबरु हरिचंदन को बरपदा, खारद और माटिआपड़ा से कर वसूल करने का निर्देश दिया गया था।[28] इन उपायों से 250 काहाण (एक काहाण 1280 कौड़ी होता है) कर अर्जित किया गया था। उसी महीने में खोर्धा प्रशासन ने सेराइ और चौबिसकुद परगना से बकरी और भेड़ भेजने के लिए मुरारी पंडित को पत्र के माध्यम से निर्देश दिया था।[29] अक्तूबर 1804 में राजा के सैनिकों ने पिपली के पास के गाँवों पर हमला बोलकर गाय-भैंसों के साथ ही धन-संपत्ति लूट ली थी।[30]

इन हालातों में ब्रिटिश सरकार का नीरव दर्शक बन खोर्धा प्रशासन के कार्यकलापों को सहन करना संभव नहीं था। बाटगाँव से कर अर्जित करने का उन्होंने दृढ़ता के साथ विरोध किया था और खोर्धा राजा के अधिकार के बाहर, इस कार्य को बिना कारण आक्रमण करार देते हुए इसके जैसी

पुनरावृत्ति न हो, उसके लिए कमिश्नर ने राजा मुकुंद देव को कड़ी चेतावनी दी थी।[31] इसी समय 10 नवंबर, 1804 को पुरी के कलेक्टर हंटर को चारों परगना, राहांग, लिंबाइ, सेराइ और चौबिसकुद के साथ पुरुषोत्तमपुर प्रांत से भू-बंदोबस्त का कार्य सीधे 'प्रधान' और 'भोइ' के साथ संपन्न करने के लिए कमिश्नर से निर्देश मिला था।[32] उसी साल दिसंबर में कमिश्नर ने दूसरे एक इश्तिहार में खोर्धा के राजकर्मचारियों द्वारा अत्याचार के शिकार हो रहे डाक विभाग के कार्यकर्ताओं की सुरक्षा के लिए पहरेदारों का बंदोबस्त करने के लिए कोटदेश परगना के अंतर्गत सारे खंडायतों और वातनदारों को निर्देश दिया गया था।[33]

इसी बीच ब्रिटिश और मराठा राज्यसंघ के बीच युद्ध का अंत हो गया था और कंपनी सरकार हुकूमत विस्तार करने में सक्षम हुई थी और इसके साथ ही खोर्धा राजा की मराठा से मदद मिलने की संभावना पूरी तरह खत्म हो गई थी। इसी क्रम में हारकोट ने खोर्धा राजा के साथ एक दृढ़ तथा निर्णायक फैसला लेने के लिए तय कर लिया था। 7 दिसंबर, 1804 को कमिश्नर के द्वारा जारी एक इश्तहार के तहत, राजा द्वितीय मुकुंद देव को ब्रिटिश सरकार के प्रति उनके अशिष्ट व्यवहार के कारण, पिछली तारीख यानी 5 दिसंबर से सिंहासनच्युत किया गया था। राज्य के प्रत्येक व्यक्ति को ब्रिटिश सरकार के आज्ञाधीन होने के साथ सारे निर्देश पालन करने का आदेश दिया गया था[34] और उसी 7 दिसंबर को राजा के द्वारा दिए गए सारे ऋण प्रस्ताव को गैर-कानूनी करार देते हुए एक घोषणानामा सारे जमींदारों, सर्बराकारों (गाँव के मुखिया) और जनता को अवगत कराने के लिए जारी किया गया था। उसी तरह से कंपनी सरकार उस समय के मंदिर के मुख्य परीछा मुरारी पंडित के पास एक निर्देशनामा भेजा था, जिसमें खोर्धा राजा को ब्रिटिश शासन का प्रधान शत्रु दरशाते हुए, मंदिर में पूजा-अर्चना के समय राजा का नाम न लेने के लिए निर्देश दिया गया था।[35] इस कदम से राज्य के ज्यादातर लोग अंग्रेजों के विरोधी हो गए थे।

दूसरी तरफ राजा को जैसे किसी भी तरह से कोई मदद न मिले, इसके

लिए कंपनी प्रशासन के कमिश्नर सतर्कता के साथ पहले से ही उपाय करने में लग गए थे। खोर्धा के राजा को सहायता और सहयोग करनेवाले रामेश्वरगढ़ के दलबेहेरा लाला राजकिशोर सिंह (मुकुंद देव के ससुर) और उनके भाई भिकारी बलियार सिंह को कड़ी चेतावनी दी गई थी। मेंढाशाल गाँव के खंडायतों के परिवार पर कड़ी नजर रखी जाने लगी थी। पाँचगाँवगड़ के दलबेहेराओं को ब्रिटिश विरोधी कार्य से दूर रखते हुए कंपनी सरकार की मदद करने के लिए आह्वान किया गया था। गड़ हलदिया के खंडायत परिवार समूह और दलबेहेराओं को ब्रिटिश सरकार की अधीनता में तुरंत समझौता कर लेने का निर्देश दिया गया था। दांडिमाल के विद्रोही नेता दामोदर पटनायक को गिरफ्तार करने की हर संभव कोशिश की गई थी। इस घोषणा पत्र में खोर्धा के सारे जमींदार, सामंत और खंडायतों को अंग्रेजों की अधीनता स्वीकार करते हुए खोर्धा राजा को सहायता और समर्थन देने से मना किया गया था।[36] राजा मुकुंद देव या फिर जयी राजगुरु की जो भी मदद करेगा, उसके विरुद्ध कड़ी काररवाई की जाएगी, यह भी जता दिया गया था। जागीर चले जाने के भय से कुछ दलबेहेरा, जमींदार और प्रधान ने अधीनता स्वीकार कर अंग्रेजों की मदद करने का वादा किया, पर छिपकर खोर्धा राजा का पक्ष समर्थन करते हुए अंग्रेज-विरोधी आंदोलन में सक्रिय रहकर मातृभूमि की रक्षा करने में जी-जान से जुटे रहे। रोढंगर के सेनापति दिगंबर भूयाँ, बालिसुंदरा सबसे पहले राजगुरु के साथ प्रत्यक्ष सहयोग कर पाइक जागरण में सहायक हुए थे। उत्तर खोर्धा के दारुठेंग गड़ के दलेइ विप्लवी पिंडिकि बाहुबलेंद्र दांडिमाल इलाके में आंतक फैलाकर कंपनी प्रशासन के लिए परेशानी का कारण बने थे। दक्षिण खोर्धा के बिझगिरि के गोपाल छोटराय और पद्मनाभ छोटराय ने अंग्रेज-विरोधी संग्राम में अपने को झोंक दिया था। कनिका, कुजंग, हरिशपुर, मरिचपुर, विष्णुपुर के राजा और जमींदार औपनिवेशिक विस्तार के विरोध आंदोलन में शामिल हुए थे। इस जनजागरण का प्रभाव पुरी, पिपली, गोप, निमापड़ा, असुरेश्वर, नयागड़, दसपल्ला आदि प्रांतों में दिखाई देने लगा था। आम जनता से लेकर आदिवासी कंध समुदाय भी इस विद्रोह से जुड़े हुए थे।

अंतिम समर

जयी राजगुरु जब पुरी में थे तभी राजा के सिंहासनच्युत होने की खबर मिली थी। इससे राजगुरु बहुत उत्तेजित हो गए थे, हालाँकि वे मानसिक तौर पर ब्रिटिश के साथ अंतिम तथा निर्णायक लड़ाई के लिए तैयार हो चुके थे। युद्ध के लिए रणकौशल की तैयारी की गई थी। कमिश्नर से मिले 40 हजार रुपयों को युद्ध प्रस्तुति में लगाया गया था। इसलिए राजा को सत्ता से हटा दिए जाने जैसी दुर्भाग्यजनक खबर पाते ही तुरंत पट्टजोशी कृष्णचंद्र की सहायता से पाइक सेना को लेकर खोर्धा की तरफ कूच किया था।[37] लौटते समय पिपली में अवस्थित ब्रिटिश सेना के साथ उन्हें लड़ाई करनी पड़ी थी। कहा जाता है कि दाँडमुकुंदपुर गाँव में दोनों सेना का मुकाबला करने में अनेक अंग्रेज सैनिकों की जानें गई थीं और वहाँ से बहुत अस्त्र-शस्त्र और धन जब्त किया था राजगुरु ने। इसके बाद वे पाइकों के साथ बड़बेगुनियापड़ा होते हुए बरुणेईगड़ में पहुँचे थे। आसन्न युद्ध की तैयारी के लिए वहाँ महत्त्वपूर्ण निर्णय लिया गया था। उस संकटपूर्ण पल में राजा ने बहुत ही भयभीत होकर अपने को दुर्ग के भीतर बंद कर लिया था।[39] दुर्ग की सुरक्षा की जिम्मेदारी अकेले जयी राजगुरु ने ली थी। सच कहा जाए तो शक्तिशाली ब्रिटिश सेना के विपक्ष में पाइक सेना बहुत कमजोर थी, फिर भी साहस के साथ युद्ध के लिए तैयार पाइक सेना का गहरा देशप्रेम और दृढ़ शौर्य था।

सीमा पर प्रहरियों को तैनात कर, अनधिकृत तरीके से कटक से आनेवाला पण्यद्रव्य और दूसरी सामग्रियों को जब्त करने के साथ खोर्धा राज्य के भीतर आम प्रवेश पर प्रतिबंध लगा दिया गया था। राजा के आदेश पर ब्रिटिश द्रव्यों को खोर्धा की सीमा लाँघने की अनुमति नहीं थी।[40] इसी समय ढाई सौ पदातिक सेना के साथ नौ सौ सशस्त्र प्रहरियों को राहांग, लिंबाइ, सेराइ और चौबिसकुद परगनाओं में आइन-कानून बनाए रखने के लिए खोर्धा प्रशासन द्वारा तैनात करवाया गया था। वहाँ पहले से तैनात ब्रिटिश सेना के कुछ सैनिकों को निरस्त्र करने में खोर्धा की सेना सफल हुई थी, फिर देलाँग गाँव और उसके पास के प्रांतों में शिविर बनाकर वहीं डेरा डाल दिया था। स्वाभाविक था कि कंपनी

सरकार को उनकी इस हरकत ने खिन्न किया था। उनकी प्रतिक्रिया बहुत उग्र थी। उनकी योजना थी देलाँग में स्थापित किए गए राजा के सेना शिविर को ध्वंस करना। इसलिए हंटर और हारकोट एक बहुत बड़ी सेना लेकर देलाँग की तरफ कूच करते हुए उसकी सीमा पर शिविर बनाकर ठहरे थे। पिपली में तैनात अतिरिक्त पंचम बेंगल पदातिक सेना के कैप्टन जॉन हिकलैंड के नेतृत्व में एक सौ बीस सिपाही और एक छह पाउंड बैटरी के साथ 22 नवंबर, 1804 को रात में निकलकर सुबह के पाँच बजे ब्रिटिश सेना को मजबूती देने के लिए वहाँ पहुँचे और बहुत ही कम समय में सूर्योदय से पहले ही अचानक राजा के शिविर पर आक्रमण कर उन्हें पूरी तरह से पराजित कर दिया था। इस लड़ाई में एक सौ से ज्यादा सैनिकों की जान जाने की सूचना मिलती है। ब्रिटिश सेना का नुकसान बहुत कम हुआ था, पर कार्य खत्म करते हुए लौटते समय पास के मुँडिया पहाड़ पर पहले से घात लगाए खोर्धा के लगभग 50 अश्वारोहियों की सेना ने अचानक सामने आकर उनका रास्ता रोक लिया था। आमने-सामने की इस भयानक लड़ाई में साहसी पाइकों ने वीरता के साथ ब्रिटिश सेना को वापस लौटने के लिए विवश कर दिया था, इसलिए उन्होंने अंत में आगे न बढ़कर पास के पाटपुर में आश्रय लिया था।[42]

उसी तरह से ब्रिटिश सेना वाहिनी का दूसरा एक दल मेजर फ्लेचर के नेतृत्व में खोर्धा के पास के टाँगियापड़ा की ओर अग्रसर हुआ था। वहाँ पहले से ही ब्रिटिश सेना का प्रतिरोध करने के लिए केरंग के मुस्तफा खाँ के नेतृत्व में तैनात खोर्धा के एक छोटे से सेना दल के साथ एक भीषण पर अनिर्णायक संघर्ष हुआ था।[43] राज्य का पहाड़ी इलाका और गहन प्राकृतिक परिवेश सेना का आपस में संपर्क करना और त्वरित कार्य करने में बाधा बना था।[44]

इसी अवसर पर कटक से कर्नल हारकोट की कुछ सशस्त्र सिपाहियों के साथ आगे बढ़ते समय पास के मुगलों के इलाकों को अपने नियंत्रण में लाने के लिए प्रयास कर रहे खोर्धा राजा के पाइकों के साथ आमने-सामने मुठभेड़ हो गई थी। इस लड़ाई में राजा की सेना को वापस लौटने के लिए मजबूर होना पड़ा था और उन्होंने विवश होकर खोर्धा दुर्ग में आश्रय लिया था।[45] हारकोट

उनका पीछा करते हुए दुर्ग के पास पहुँच गए थे। वहाँ घने बाँस के जंगल, छोटे-छोटे झाड़ियों के वन, असमतल पथ और प्राकृतिक परिवेश से घिरे हुए दुर्ग के चारों तरफ की स्थिति को जानने के लिए एक सर्वेक्षण कार्य आरंभ किया गया था। वह दुर्ग (जिसका भग्नावशेष अभी भी मूक साक्षी बना खड़ा है) खोर्धा की पूर्व दिशा में स्थित बरुणेई पहाड़ की तराई पर स्थित है। दक्षिण दिशा से दुर्ग के भीतर प्रवेश करने का रास्ता बहुत संकीर्ण था। इस स्थान को शत्रु से सुरक्षित रखने के लिए प्रतिरक्षक के तौर पर उसके चारों तरफ सख्त पत्थर की दीवार बनाई गई थी।[46]

दुर्ग की सुरक्षा करने के लिए गंगपड़ा गाँव में बाँस और लकड़ी के तने के साथ बड़े-बड़े पेड़ों को गिराकर रास्ता रोकने के साथ ही महत्त्वपूर्ण जगहों पर पाइकों को रखवाली के लिए तैनात किया गया था। यह खबर मिलने पर कैप्टन स्टोरि के नेतृत्व में सेना की एक टुकड़ी ने उस गाँव की ओर कूच किया था। जिस समय ब्रिटिश सेना उस गाँव के पास पहुँची तो वहाँ नियुक्त पाइकों ने उनके ऊपर अग्निगोला फेंककर उनका रास्ता रोकने का प्रयास किया था।[47] खोर्धा सेना के एक दक्ष सेनापति वैष्णव भारती ने ब्रिटिश वाहिनी को आगे बढ़ने से रोका था। बाद में उनके साथ वीर मुस्तफा खाँ भी जुड़ गए थे। इस आमने-सामने की लड़ाई में ब्रिटिश सेना के मृतकों की संख्या बहुत थी। राजगुरु के सैनिकों ने बहुत ही साहस और दृढ़ता के साथ विदेशी सेना का प्रतिरोध किया था।

इसी समय में ब्रिटिश फौज को और सशक्त करने के लिए बंगाल से आवश्यक सेना आकर ब्रिटिश सेना के साथ मिल गई थी। ऐसे में ब्रिटिश सेना की सामरिक शक्ति और अस्त्र-शस्त्र देशीय सेना के लिए चिंता का विषय बन गया था। विभिन्न महत्त्वपूर्ण स्थानों में नियुक्त पाइक सेना हतोत्साहित हो गई थी और कंपनी सरकार की सेना द्रुत गति से खोर्धा के दुर्ग की ओर बढ़ रही थी। खोर्धा के पाइकों के मनोबल और साहस को कमजोर करने के लिए हारकोट मानसिक दबाव बनाने का प्रयास कर रहे थे। कंपनी सरकार की तरफ से इश्तहार के माध्यम से आम जनता को जताया गया था कि अगर

कोई भी व्यक्ति ब्रिटिश के स्वार्थ का खयाल रखेगा और उन्हें प्रोत्साहित करने के लिए आगे आएगा, उन्हें पुरस्कृत किया जाएगा। कटकवासी शेख वेयाज (Wyaz) मोहम्मद ने उस सेवा को प्रदान करने के लिए तब व्यग्रता दिखाई थी।[48] इसके चलते उन्हें बाणपुर परगना के अमीन के तौर पर नियुक्त किया गया और बाणपुर के लोगों को ब्रिटिश के आज्ञाधीन करने के लिए तैयार करने की जिम्मेदारी दी गई थी।

उस समय रामेश्वर के दलबेहेरा बहुत प्रतापशाली थे और वे जयी राजगुरु की बहुत श्रद्धा, सम्मान करने के साथ ही उन्हें हर संभव सहायता करते थे। कथित है कि रामेश्वर दलबेहेरा की आत्मीया, विधवा कांचिवेवा नाम की एक सुंदर नारी ने राजगुरु को अपने वश में कर ब्रिटिश विरोधी विपदा से भरे मार्ग से हटाने का प्रयास किया था।[49] पर ऐसा माना जाता है कि राजगुरु ने उसके झाँसे में न आकर उसे कठोर दंड दिया था। इसलिए वह औरत उनसे बदला लेने के लिए ओलसिंह सामंत के आश्रय में रहकर मौके का इंतजार करने लगी। अभियोग है कि ओलसिंह सामंत ने अंग्रेज सेना का सहायक बनकर खोर्धा के दुर्ग का गुप्त रास्ता बता दिया था।[50] मातृभूमि के प्रति किए गए उनके इस विश्वासघात के लिए ब्रिटिश सरकार ने उन्हें जागीर देकर पुरस्कृत किया था। दुर्ग अवरोध करने के अभियान के दूसरे हफ्ते में अंग्रेज सरकार हताश होकर टूट-सी गई थी। उसी समय नीलकंठ मंदिर और गोपीनाथ मंदिर के बगल में स्थित गुप्त पथ की जानकारी मिल जाने से अंग्रेज अभियान ने एक दूसरा मोड़ ले लिया था।

खोर्धा राज्य में अपनी हुकूमत का विस्तार करने के लिए कंपनी सरकार को भारत के अलग-अलग जगहों पर नियुक्त की गई अपनी सेना की मदद लेनी पड़ी थी। मेजर फ्लेचर ने मद्रास से 120 पदातिक यूरोपीय सैनिक, बंगाल के सप्तम बटालियन के दो कंपनी पदातिक और कमानवाहिनी दल का नेतृत्व लेकर सामरिक कार्यानुष्ठान को तेज कर दिया था। बाद में 19वीं मद्रासवाहिनी की दो कंपनी सेना ने उनके साथ मिलकर आक्रमण को और तेज करने में मदद की थी, पर जयी राजगुरु के नेतृत्व में खोर्धा के प्रबल

प्रतापी पाइक सेना के दृढ़ प्रतिरोध के कारण ब्रिटिश सेना तेज गति से आगे नहीं बढ़ पाई थी। खोर्धा के दुर्ग के चारों प्रवेश द्वार पर पाइक सैनिक तैनात थे, इस कारण से सीधे-सीधे दुर्ग के भीतर प्रवेश करना अंग्रेजों के लिए आसान नहीं हो पाया था और फिर दुर्ग के भीतर से अंग्रेज सैनिकों पर धनुष-तीर के साथ आग बरसाई गई थी। इसलिए ब्रिटिश सेना का बहुत नुकसान होने के साथ ही मृतकों की संख्या भी ज्यादा हुई थी, हालाँकि बरुणेइ घाटी को चारों तरफ से ब्रिटिश सेना ने घेर रखा था और इसलिए दुर्ग में से किसी का भी बाहर निकलना संभव नहीं था।

एक निर्दिष्ट समय के बाद, पाइक सेना के पक्ष में विदेशी सेना का दृढ़ता के साथ प्रतिरोध करना और संभव नहीं था। लगातार तीन दिनों तक घमासान लड़ाई चली थी। आखिर में ब्रिटिश सेना ने खोर्धा दुर्ग पर अधिकार कर लिया था। खोर्धा और दूसरे मित्र राज्यों की सम्मिलित सेना ब्रिटिश सेना का सहने में असमर्थ हो गई थी। शक्तिशाली आग्नेयास्त्र के द्वारा लगातार गोली दागने से दुर्ग की बाहरी दीवार पर एक बहुत बड़ा छेद हो गया था। मेजर फ्लेचर ने एक सीढ़ी के जरिए इसी छेद में से मद्रास और बंगाल से आए पदातिक सेना के साथ दुर्ग के भीतर प्रवेश किया था। जयी राजगुरु की सेना के साथ दुर्ग के भीतर धमासान लड़ाई हुई थी। अंत में ब्रिटिश सेना ने जबरदस्ती दुर्ग को अपने कब्जे में ले लिया था और राजा मुकुंद देव के एक पुत्र और उनके भाइयों को गिरफ्तार कर लिया था।[51] इस लड़ाई में मेजर फ्लेचर के एक रिश्तेदार की भी मौत हो गई थी।[52] यह विश्वास किया जाता है कि राजा मुकुंद देव अपने परिवार के बाकी सदस्यों और विश्वस्त कर्मचारियों के साथ छिपकर जंगल की तरफ चले गए थे।[53] इसके बाद उनकी सारी संपत्ति लूट ली गई थी।[54]

सदाशिव रथशर्मा के द्वारा 1955 में लिखी गई किताब, 'जयी राजगुरु' में राजा के गुप्त रूप से भाग जाने के बारे में विशेष तथ्य दिया गया है, (पृ. 21) पुस्तक में किए गए वर्णन के अनुसार, अंग्रेज सेना जब बहुत मुश्किल से दुर्ग के भीतर जाने के लिए प्रयासरत थी, उस समय अचानक ढोलकी और तुरही बजने लगी। कोई भी इस घटना के कारण को समझ नहीं पाया था और

उसके बाद ही छत्र, चँवर, ध्वजा के साथ एक आडंबर भरी शोभायात्रा दुर्ग के सेवकों को लेकर पूर्व घाटी की तरफ निकली। उस शोभायात्रा में राजा की पोशाक में राजा के समान दिख रहे एक व्यक्ति को चलते हुए देखा गया था। ब्रिटिश अधिकारियों ने पूर्व में प्रचारित राजा के आत्मसमर्पण की अफवाह को सच मान लिया था। इस घटना के रहस्य के बारे में दूसरे कुछ जान नहीं पाए थे, फिर भी इसे देवी आराधना से संबंधित कोई विधि है, यही माना गया था। इन परिस्थितियों में विदेशी सेना कुछ लापरवाह हो गई थी। उसी अवसर पर एक व्यक्ति देवी के घट को सिर पर रखकर पश्चिम घाटी की ओर से नीचे उतर गया और दूसरा व्यक्ति घंटा बजाते हुए घट को लेकर साथ निकल गया। इस अनोखी शोभायात्रा के साथ गजपति अपने अनुचर दुर्गाचरण सिंह के साथ बरुणेइ से गायब हो गए। बरुणेइ की पहाड़ की तलहटी में स्थित खुदपुर मौजा में एक बरगद के पेड़ के नीचे देवी के घट को तोड़कर उत्कल के गजपति ने आत्मगोपन किया था। आज भी बरगद का वह पेड़ 'घटभंगावर' नाम से उस घटना का किंवदंती बन खड़ा है।

हालाँकि उस संकट भरे पलों में जयी राजगुरु ने पलायन न करके, दुर्ग के भीतर रहकर वीरता के साथ ब्रिटिश सेना का प्रतिरोध किया था। यही समय राजगुरु की परीक्षा की आखिरी घड़ी थी। देवी की साधना के बल पर उन्हें आशा थी कि स्वयं बरुणेइ देवी विधर्मी अंग्रेजों के विरोध में युद्ध के मैदान में अवतीर्ण होंगी, पर उनकी वह आशा विफल हो गई थी और तेईस दिन के अवरोध के बाद खोर्धा का दुर्ग ब्रिटिश शासन के अधीन हो गया था।[55] पाइक सेना की एकता टूट गई थी और जयी राजगुरु पराजित हो गए तथा उन्हें बंदी बना लिया गया था।[56] इसके बाद बरुणेइ मंदिर के पास से दिगंबर भूयाँ और तलमाल बक्सी भी ब्रिटिश सेना द्वारा बंदी बना लिये गए थे। यह समय बहुत दुर्भाग्यपूर्ण और दुःखदायी था। इसका फायदा उठाते हुए विदेशी फौज ने घरों में आग लगाई, लूटपाट की और इस तरह से आंतक फैलाया था। अवसाद और निराशा के एक काले आवरण ने पूरे राज्य को घेर लिया था। शायद दुर्ग के भीतर स्थित उपासना गृह के अपवित्र हो जाने के कारण उस संकट के समय में आवश्यक

देवी कृपा उपलब्ध नहीं हो पाई थी, पर उन्नीसवीं सदी के प्रारंभ में ओडिशा में देवी शक्ति में विश्वास और उपासना को अस्वीकार नहीं किया जा सकता।

पलायन करने के बाद राजा और उनके विश्वस्त अनुचरों ने खुद्‌पूर में विष्णुचरण पाइकराय के महल में कुछ दिन गुप्त रूप से निवास किया था। विष्णुचरण पाइकराय राजा के वफादार सेनापति थे, जो कि पहले से खोर्धा की सुरक्षा के दायित्व के लिए नियुक्त हुए थे। बरुणेइ पहाड़ से कुछ ही दूरी पर पूर्व में खुदपुर महल स्थित है।

गंगामाता मठ

राजा ने कुछ दिन खुदपुर महल में रुककर अपनी जगह बदल ली थी। सदाशिव रथशर्मा ने अपनी पुस्तक 'जयी राजगुरु' में उल्लेख किया है कि महाराजा खुद्‌पूर महल में कुछ दिन रुकने के बाद राजगुरु के निर्देश पर वहाँ से पुरी चले गए थे।[57] राजा की सुरक्षा और कुशलता के लिए राजगुरु ने कई सतर्कता भरे उपाय किए थे। इस बात का विश्वास किया जा सकता है कि राजगुरु ने पहले भी इस विषय में गंगामाता के मठ के उस समय के महंत नरोत्तम दास के साथ विस्तृत आलोचना की थी। सन् 1804 में अंग्रेजों के खोर्धा दुर्ग पर आक्रमण के समय राजा पर होनेवाली विपदा की आशंका कर जयी राजगुरु ने तत्कालीन महंत नरोत्तम दास के नाम एक पत्र लिखकर उन्हें बताया था कि 'अंग्रेज सेना ने खोर्धा महल अपने कब्जे में कर लिया है, इसलिए गजपति द्वितीय मुकुंद देव के विश्वस्त पाइक दुर्गाचरण सिंह के संग पुरी भेज दिया है।'[58] उन्होंने यह अनुरोध किया था कि वहाँ गजपति को यथार्थ सम्मान देते हुए मठ या दूसरे कहीं गुप्त स्थान पर रखा जाए।[59] राजा के सम्मान में कहीं भी कोई कमी न हो, इसकी कड़ी हिदायत दी थी राजगुरु ने। गजपति का प्रसाद सेवन, श्रीक्षेत्र के विभिन्न घाट से अर्जित की जा रही कौड़ी का हिसाब और हर दिन ठीक तरह से श्रीमंदिर शोध यानी श्रीमंदिर से सभी भक्तों को हटाकर चारों द्वार को बंद करने का कार्य संपन्न करने के लिए 36 नियोग समिति के नायक पट्टजोशी महापात्र, भंडार मेकाप बेहेरा (भंडारगृह

के सुरक्षाकर्मी), खुँटिया आदि को बता देने के लिए भी उन्होंने चिट्ठी में उल्लेख किया था।[60] इस आशय का पत्र शायद कंपनी सरकार द्वारा राजा को बंदी बनाने से पूर्व लिखा गया था।

यहाँ यह सूचित किया जा सकता है कि इस काल में गंगामाता मठ अंग्रेज विरोधी आंदोलन का एक केंद्र था। मठ के सूत्रों से पता चलता है कि राजा, जयी राजगुरु और राजकर्मचारी गुप्त तरीके से अंग्रेज शासन के विरोध में विचार-विमर्श और मंत्रणा करते थे। गंगामाता मठ के तत्कालीन महंत नरोत्तम दास का शिष्यत्व ग्रहण करने के चलते सभी राजकर्मचारी, राजगुरु और राजा का इस मठ के साथ निबिड़ संबंध था। कहा जाता है कि इस मठ के दक्षिण पार्श्व में स्थित गुप्त सुरंग के साथ पुरी के बालि मोहल्ले में स्थित पुराना महल जुड़ा हुआ था। इस सुरंग को सन् 1803 में अंग्रेजों के ओडिशा को अपने कब्जे में लेने से पहले बनाया गया था। यह भी अनुमान किया जाता है कि इस सुरंग के अंदर एक गृह है, जहाँ पर औपनिवेशवाद का विरोध करनेवाले जातीयतावादी इकट्ठे होकर आलोचना करते थे और कार्य पद्धति तय करते थे।

यहाँ यह उल्लेख किया जा सकता है कि मंदिर प्रशासन के साथ बहुत दिनों तक जुड़े रहे डॉ. भास्कर मिश्र ने सन् 2000, नवंबर में गंगामाता मठ के महंत नरोत्तम दास को जयी राजगुरु के अपने हाथों लिखे गए पत्र को मुहैया कराया है।[61] मूल पत्र अब गंगामाता मठ में सर्वसाधारण के दर्शन के लिए रखा गया है। सदाशिव रथ के द्वारा दिया गया तथ्य इस प्रमाण द्वारा और पुष्ट हुआ है। इस पत्र द्वारा प्रमाणित होता है कि पुरी मंदिर की जिम्मेदारी मराठा और अंग्रेजों ने अपने हाथों में ली जरूर थी फिर भी खोर्धा राजा का श्रीमंदिर के परिचालन में व्यापक प्रभाव था। ऐसा अनुमान किया जाता है कि यह पत्र अक्तूबर 1804 में लिखा गया था। इससे पता चलता है कि ब्रिटिश सेना को खोर्धा को अपने अधीन करने के लिए बहुत मुश्किलों का सामना करते हुए लगभग तीन महीने से ज्यादा समय लगा था, हालाँकि बाद के दिनों में राजा के द्वारा ब्रिटिश सरकार को प्रदान किए गए स्वीकृति पत्र में गंगामाता मठ के बारे में कोई उल्लेख नहीं किया गया था।

खोर्धा राजा का कारावास

ऊपर लिखे गए वर्णन के अलावा अतिरिक्त प्रमाण के तौर पर दूसरा कोई समर्थन योग्य तथ्य अब तक मिला नहीं है, जिससे यह स्वीकार किया जा सके कि खोर्धा राजा सच में ब्रिटिश सरकार की गिरफ्तारी से अपने को बचाने के लिए गंगामाता मठ से पलायन कर वहीं छद्मवेश में छिपकर ठहरे थे। यह भी संभव है कि आखिरी पल में इस योजना को समय की कठोर आवश्यकता के मद्देनजर स्थगित रखा गया हो। ब्रिटिश सरकार को दिए गए राजा के स्वीकृति-पत्र में उनके पुरी में रहने के संबंध में कोई जिक्र नहीं है।

द्वितीय मुकुंद देव ने अपने कुछ विश्वस्त सेनापति, सरदार और अनुचरों के साथ खुदपुर हवेली में कुछ दिन बिताने के बाद घने जंगलों से घिरे खोर्धा की पश्चिम दिशा में अवस्थित काइपद दुर्ग में आत्मगोपन किया था। काइपद के दक्षिण में स्थित शंखारी और टाँगेणी पहाड़ों की तलहटी में स्थित काशिआ गोहिरी और गोड़घसा जंगलों में भी कुछ दिन बिताए थे। इस प्रसंग का कवि मधुसूदन विप्र ने वर्णन किया है :

'सहजे मकर मास महा जाड़ काल,
अरण्य मध्ये जे रहिले महीपाल,
काहीं काशिया गोहिरी, काइं गोड़घसा,
काहीं बृक्षमूले काहीं पर्बतरे बसा।'

(घनघोर ठंड में जंगलों के बीच में राजा रह रहे थे। ऐसा क्यों हुआ कि राजा को पर्वत के ऊपर वृक्षों के नीचे रहना पड़ा।)

जंगल में चले जाने के बाद राजा अपने को बहुत बेसहारा और परित्यक्त महसूस करने लगे। इस अवस्था में बहुत ही बेचैन होकर उन्होंने कंपनी सरकार के साथ संधि करने और इस हेतु कर्नल हारकोट का मनोभाव जानने के लिए उन्होंने अपना वकील भी भेजा था, पर हारकोट ने उस वकील को बंदी बनाकर राजा को पकड़ने के लिए चारों तरफ सेना भेज दी थी।[62] फिर एक बार राजा ने उसी उद्देश्य से अपने दीवान को हारकोट के पास भेजा था, पर उन्हें भी बंदी

बना लिया गया था। इस सब से हताश होकर राजा द्वितीय मुकुंद देव ने हारकोट से साक्षात्कार करवा देने के लिए कंपनी प्रशासन में सिपाहियों के प्रधान के तौर पर कार्यरत फतेह मुहम्मद से सहायता माँगी थी।[64] पर उसने गद्दारी करते हुए राजा के गुप्त स्थान का पता कंपनी सरकार को बता दिया था। अंत में खोर्धा से तीस मील दूर जंगल से राजा को 3 जनवरी, 1805 को आधी रात को गिरफ्तार कर लिया गया था।[65] अफसोस की बात है कि राजा को बंदी बनाने के दो दिन बाद ही कमिश्नर ने कंपनी के वित्त अधिकारी श्रीकृष्ण देव को गद्दार फतेह मुहम्मद को तीन हजार रुपए पुरस्कार के तौर पर देने का निर्देश दिया था।[66] राजा द्वितीय मुकुंद देव और जयी राजगुरु को बंदी बनाकर पहले खोर्धा में ही रखा गया था, पर ब्रिटिश सरकार की इस काररवाई के विरोध में वहाँ की जनता में तीव्र प्रतिक्रिया दिखाई देने लगी थी। इसलिए उन्हें कटक, फिर मेदिनीपुर स्थानांतरित किया गया था।[67]

इसके बाद शुरू हो गई थी दमन और बदले की काररवाई। हारकोट ने एक सैन्य दल को मराठा सरदार अंताजी नायक और कनौजी नायक को गिरफ्तार करने के लिए नयागड़ भेजा था।[68] दूसरे एक सेना के दल को गोप प्रांत में, समुद्र के किनारे के राज्य के राजा और जमींदारों के विरोध में कड़ी काररवाई करने का निर्देश दिया था; जिन्होंने गजपति द्वितीय मुकुंद देव की सहायता की थी। मरिचपुर, हरिशपुर और विष्णुपुर के जमींदारों ने अंग्रेज विरोधी कार्य में सक्रिय भूमिका निभाई थी। मरिचपुर के जमींदार सीमा से लगे गाँव से मुगलबंदी रैयतों (रैयत यानी राजस्व कर देकर खेती करने वाली प्रजा) को ध्वंस करने के साथ ही प्यादा भेजकर उन गाँवों से जबरदस्ती अर्थ अर्जित करते थे और कमिश्नर के आदेश की अवहेलना कर वार्षिक कर भी नहीं देते थे।[69] पर पड़ोस के इलाके में हारकोट की सेना के पहुँचने पर हरिशपुर, मरिचपुर और विष्णुपुर के जमींदारों ने आत्मसमर्पण किया था। खोर्धा राजा के पतन के बाद इन जमींदारों ने ब्रिटिश सरकार का प्रतिरोध करने की सामर्थ्य गँवा दी थी।

खोर्धा राजा के मुख्य सहयोगी, कुजंग के राजा चंद्रध्वज षंढ ने ब्रिटिश सेना के आगमन से अपनी सुरक्षा के लिए पलायन किया था। इस संदर्भ में,

उनके ज्येष्ठ भाई मधुसूदन षंढ के कंपनी सरकार की सारी शर्तों को मान लेने पर उन्हें जुलाई 1805 में राजा के रूप में स्वीकार कर लिया गया था। पलातक चंद्रध्वज को 1805 में गिरफ्तार किया गया था।[71] इस कार्य में भागवत और जग्गु नाम के दो व्यक्तियों ने कंपनी सरकार की मदद की थी। इसलिए दोनों को दो हजार रुपए पुरस्कार के तौर पर प्रदान किए गए थे।[72] हालाँकि विद्रोह के दमन के बाद कुजंग ने ब्रिटिश के प्रत्यक्ष शासनाधीन न होकर अपना अस्तित्व बचाए रखा था।

उसी तरह से खोर्धा राजा के एक दृढ़ समर्थक, कनिका के राजा बलभद्र भंज अंग्रेज के विरुद्ध संग्राम में शामिल हुए थे, हालाँकि ब्रिटिश का एक सैनिक दल कनिका की सीमा के पास के इलाके में तैनात था, फिर भी कनिका राजा ने अपनी शक्ति का प्रदर्शन करते हुए अंग्रेज शासनाधीन सीमांतवर्ती गाँव के किसानों का बहिष्कार कर खेती करने से वंचित किया था। नदी में यातायात कर रहे अंग्रेजों के जहाजों के कर्मचारियों को मृत्युदंड का भय दिखाकर रास्ता बदलवाया जाता था। मुगलबंदी, ओडिशा का तटीय इलाका, जो मुगलों के संपूर्ण अधिकार में था, इलाके की सीमा में सेना तैनात कर पास के गाँवों पर अधिकार करने की योजना बनाई थी। इसलिए कनिका के राजा से मुकाबला करने के लिए मुगलबंदी अंतर्गत केंद्रापड़ा इलाके में हारकोट ने सेना भेजी थी। अंग्रेज की सेना केंद्रापड़ा पहुँचने से पहले ही कनिका राजा को खोर्धा की दुर्दशा के बारे में पता चल चुका था। आखिर में कंपनी प्रशासन ने कनिका के राजा बलभद्र भंज को बंदी बनाकर बालेश्वर भेजा फिर वहाँ से मेदिनीपुर भेज दिया गया था, हालाँकि बाद में, बदली हुई परिस्थिति में, अंग्रेज सरकार ने उन्हें करमुक्त कर, कुछ शर्त के साथ; उनके इलाके उन्हें वापस लौटा दिए थे। अंग्रेज सरकार करदाता राजा के तौर पर उनसे वार्षिक कर अर्जित करती थी, हालाँकि खोर्धा विद्रोह की तुलना में कनिका के विप्लवियों का कार्य सीमित था, फिर भी उस समय जयी राजगुरु नेतृत्व में बने सामरिक संगठन में कनिका का योगदान महत्त्वपूर्ण था। जिस तीव्रता और कठोरता के साथ बदले की कारवाई खोर्धा के विरुद्ध की गई

थी और दूसरी तरफ कंपनी के विरोध में शत्रु जैसा आचरण करने के बावजूद जिस तरह से कुंजक और कनिका के सामंत राजा बच गए थे, इससे बिना शक यह कहा जा सकता है कि ब्रिटिश सरकार हमेशा के लिए दूसरे देशीय राजा और सामंतों के ऊपर से खोर्धा गजपतियों की धार्मिक सार्वभौमिकता को खत्म कर उनको प्रभावहीन कर देना चाहती थी।

राजगुरु को मृत्युदंड

कर्नल हारकोट की सेना ने जयी राजगुरु को बंदी बना लिया था, पर उन्हें कारागार में डाल देने के बाद भी विद्रोह खत्म नहीं हुआ था, इसलिए राजा और जयी राजगुरु को खोर्धा विद्रोह की धुरी मानकर ब्रिटिश शासन के मुख्य शत्रु के रूप में वर्णित किया गया था। हारकोट के सम्मुख विचार के लिए जब जयी राजगुरु को पेश किया गया था तब बहुत प्रभावपूर्ण ढंग से उन्होंने घोषणा की थी कि उन्होंने खुद आंदोलन शुरू किया था और चूँकि राजा उस समय नाबालिग थे, इसलिए उन्होंने जो भी उचित समझा, वही किया था।[74] उन्हें अपने किसी कार्य के लिए पश्चात्ताप नहीं है। उनका यह स्पष्ट वक्तव्य उनके सच्चे व्यक्तित्व का परिचय था। उनकी इस उक्ति से उनकी साधुता, ईमानदारी, कर्तव्यपरायणता और असीम वीरता का परिचय मिलता है। यद्यपि बहुत शक्तिशाली ब्रिटिश सेना के विपक्ष में उनकी जीत की संभावना बहुत कम थी, फिर भी एक निर्भीक आक्रामक तेवर रखने में वह दुविधाग्रस्त नहीं हुए थे। अपने जीवन की बाजी लगाकर उन्होंने जो किया था, वह देश, जाति और गजपति वंश के गौरव की रक्षा करने के लिए था।[75] वे थे सच्चे देशप्रेमी, असली वीर। अपने जीवन के बदले विदेशियों को खदेड़ना उनका लक्ष्य था। इसमें अचरज की कोई बात नहीं थी कि ब्रिटिश सरकार जयी राजगुरु के खिलाफ कठोर काररवाई करने के लिए कृतसंकल्प थी। उन्हें मेदिनीपुर भेजकर ब्रिटिश सरकार के विरुद्ध आक्रात्मक कार्य करने के अभियोग के तथाकथित विचार का प्रहसन किया गया था। 'बाघितोटा' नामक स्थान में उस विचार का नाटक प्रस्तुत किया गया था।[76] राजा द्वितीय

मुकुंद देव का वक्तव्य और उनकी दृढ़ उक्ति के आधार पर जयी राजगुरु को कानून के द्वारा अनुमोदित सरकार के विरोध में युद्ध करने के अभियोग में अभियुक्त ठहराया गया था। अनेक अमूल्य जीवन और संपत्ति की तबाही के लिए उनको दोषी ठहराया गया था। तथाकथित विचार के अंत में उनके लिए मृत्युदंड निश्चित किया गया था।[77] और 6 दिसंबर, 1806 (पौष मास कृष्ण एकादशी, शनिवार) को मेदिनीपुर के 'बाघितोटा' में बहुत ही नृशंसता के साथ उनकी हत्या कर दी गई थी।

कारागार से द्वितीय मुकुंद देव ने ब्रिटिश सरकार के पास एक स्वीकृति पत्र दाखिल करते हुए सन् 1804 में हुए खोर्धा विद्रोह में अपने को निर्दोष साबित किया था। उन्होंने क्षमायाचना करते हुए विद्रोह की हर काररवाई के लिए अपने प्रधानमंत्री तथा परामर्शदाता जयी राजगुरु को जिम्मेदार ठहराया था। उन्होंने दरशाया था, 'आपका आवेदनकारी निरीह और बस नामभर के लिए राजा है। उसका राज्य के शासन या परिचालन में कोई भी क्षमता या प्रभाव नहीं था।' इस पत्र में अपने निर्दोष होने के कारण अपना राज्य वापस पाने की आकुल प्रार्थना की गई थी।[78] गवर्नर जनरल ने राजा के क्षमा आवेदन पर अनुकूल विचार करते हुए उनकी मुक्ति के लिए आदेश प्रदान किया था।[79] पर खोर्धा राज्य उन्हें फिर वापस नहीं मिल पाया था। कंपनी सरकार को विश्वास था कि उनका इस तरह का व्यवहार एक उदाहरण बनेगा और वह देशीय राजाओं और जमींदारों को भविष्य में उनकी अवज्ञा करने और उनके प्रति विरोधी मनोभाव रखने से विमुख रखेगा। कर्नल हारकोट ने गवर्नर जनरल को अपनी राय बताते हुए लिखा था, 'मेरा विश्वास है कि विद्रोही खोर्धा राजा के प्रति हमारा यह तर्कसंगत, न्यायसंगत विचार मिसाल बनेगा और हमारे द्वारा अनुभूत पूर्व परिस्थिति के पुन: संगठन को समाप्त करने का स्पष्ट संकेत दे रहा है।'[80] अंत में राजा द्वितीय मुकुंद देव को 5 मार्च, 1807 को बहाल कर दिया गया था।

राजनीतिक दृश्यपटल से जयी राजगुरु का प्रस्थान और राजा द्वितीय मुकुंद देव के पतन के साथ ही खोर्धा ने अपना गौरव और स्वाधीन सत्ता गँवा दी थी। द्वितीय मुकुंद देव के उत्तराधिकारियों को खोर्धा में रहने का मौका नहीं

दिया गया था। बाद के दिनों में बदली हुई परिस्थिति में उन्हें पुरी में बसाया गया था, फिर उसके बाद उन्हें पुरी के राजा के रूप में जाना जाने लगा।

संदर्भ–

1. Elphinstone to Harcourt and Melville, 20 November, 1804. Bengal Secret and Political consultations, 4 April, 1805, No. 12 and 13 (Quoted from B.C. Ray, Foundation of British Orissa.) पृ. 54
2. Harcourt to Shawe, 19 September, 1804, Add. Mss 13610, पृ. 64 Same to same, 6 October, 1804, Add Mss. 13610, पृ. 82, Same to same, 1 November, 1804, Add. Mss. 13610, पृ. 114, वही, पृ. 54
3. Harcourt to Shawe, 6 October, 1804. Add Mss. 13610, पृ. 80–81, वही, पृ. 55
4. सदासिबा रथ शर्मा, जय राजगुरु (Odiya), Cuttack, 1955, पृ. 11
5. वही
6. वही, पृ. 13
7. वही
8. वही, पृ. 14
9. वही
10. पी.के. पटनायक, A forgotten chapter of Orissa history, Calcutta, 1979, पृ. 129
11. वही
12. बी.सी. रॉय foundations of British Orissa, Cuttack 1960, पृ. 55
13. Harcourt to Shawe, 7 November, 1804, Add. Mss. 13610, पृ. 81 (Quoted from B.C. Ray, वही पृ. 57)
14. G.Harcourt to M. Shawe, 1 October, 1804, Add. Mss. 13610, पृ. 66–67 (वही पृ. 58)
15. Same to same, 3 October, 1804, Add. Mss. 13610, पृ. 74 (वही पृ. 57)
16. Same to same, 6 October, 1804, Add. Mss. 13610, पृ. 81 (वही पृ. 57)
17. C.H. Philips, East India Company, पृ. 140–41 (Quoted from B.C. Ray. वही, पृ. 58)
18. Shawe to Harcourt, 7 November, 1804, Add. Mss. 13610, पृ.139 वही
19. Government to Harcourt, 11 October, 1804. Add. Mss. 13608, पृ. 42–3 (वही पृ. 59)

20. वही
21. Harcourt to Shawe, 6 October, 1804. Add. Mss. 13610, पृ. 81 (वही पृ. 60)
22. (i) Harcourt to Shawe, 23 October, 1804, Add.Mss, 13610, पृ.102
    (ii) Harcourt to Elphinstone, 9 November, 1804 Bengal Secret and Political Consultations 2 May, 1805, No. 445
    (iii) Harcourt to Shawe, 10 October, 1804 Add.Mss. 13610, पृ. 90 (वही पृ. 60)
23. (i) Harcourt to Elphinstone, 9 November, 1804. Bengal Secret and Political Consultations, 2 May, 1805, पृ. 445
    (ii) Harcourt to Shawe, 7 November, 1804. Add. Mss. 13610, पृ. 127–8 (वही पृ. 61)
24. Harcourt to Elphistone, 9 November, 1804. Bengal Secrets and Political Consultations, 2 May, 1805. पृ. 445, वही, पृ. 62
25. Petition of the Raja of Khurda to British Government for mercy. OSA.
26. जे. हंटर से जी. हार्टवेल,10 March, 1804. (Quoted from एच. के. मेहताब और एस.सी. डे (ed.), Historyof freedom movement in Odisha, Vol. ..... पृ. 76)
27. Same to same, 28 July, 1804, वही
28. Same to same, 4 September, 1804, वही
29. एच.के. महताब और एस.सी. डे (ed.), History of Freedom movement in Odisha, Vol. .... पृ. 77
30. जी. टॉयन्बी, op.cit. पृ. 15
31. Commissioner to the Raja of Khurda, 1 October, 1804. Board of Rrvenue Archives, Vol.... (Quoted from पी.के. पटनायक, Op.cit, पृ. 132)
32. जे. हंटर से जी. हर्टवेल, 12 September, 1804. Board of Revenue Archives, Vol..... वही
33. वही
34. एच.के. महताब और एस.सी. डे (ed.), Op.cit, Voi..... पृ. 75
35. जे. हंटर से जी. हर्टवेल, 12 September, 1804. Board of Revenue, Vol.... (Quoted from पी.के. पटनायक, Op.cit. पृ. 132)
36. एस.एन. दास, Unabimsa Satabdira Odisha, (Puri, 1955), पृ. 35–37
37. सदासिबा रथ शर्मा, op.cit. पृ. 15
38. वही
39. वही, पृ. 16
40. जी. हरकोर्ट से एम. शेव, 5 November, 1804, Add. Mss. 13610, पृ.

120 (Quoted from B.C. Ray, op.cit, पृ. 62)

41. जी. हरकोर्ट से एलफिन्सटोन, 16 November, 1804, Add. Mss. 13610, पृ. 150, वही पृ. 63
42. जी. हरकोर्ट से कैप्टन आर्मस्ट्रोंग, 20 November, 1804 (encl) Bengal Secrets and Political Consultations, 4 April, 1805, No. 27, (वही, पृ. 63–64)
43. पी.के. पटनायक, op.cit, पृ. 134
44. जी. टॉयंबी, op.cit, पृ. 15–16
45. (i) Harcourt to Shawe, 21 November, 1804, Add. Mss. 13610, पृ. 154
    (ii) Harcourt to Armstrong, 7 December, 1804, Bengal Secret and Political Consultations, 4 April, 1805, No. 32. (Quuoted from B.C.Ray, op.cit, पृ. 64)
46. जी. टॉयंबी, op.cit, पृ. 16
47. Storey to Harcourt, 2 December, 1804. Bengal Secrets and Political Consultations. 4 April, 1805; No. 31. (बी.सी. रॉय, op.cit, पृ. 64)
48. बी.सी. रॉय, वही, पृ. 65
49. सदासिब रथ शर्मा, op.cit, पृ. 19
50. वही, पृ. 20
51. Encl: Impey to Government, 21 October, 1815, Bengal Criminal Judicial Consultations I. P, 31 October, 1815, No.18 (B.C. Ray, op.cit, पृ. 66)
52. पी.के. पटनाइक, op.cit, पृ.135
53. Petition of the Raja of Khurda to the British Government for mercy (A true translation) Accession No. 296, Board of Revenue Proceedings, Judicial Odisha State Archives, Bhubaneswar
54. वही
55. सदासिब रथ शर्मा, op.cit, पृ. 25
56. सुरेंद्र कुमार मिश्रा, Aaitihasika Pattabhumire Saheed Jayee Rajguru, Saheed Jayee Rajguru Sandarbha Sambhar (Puri, 2000), पृ. 52
57. सदासिब रथ शर्मा, op.cit, पृ. 23
58. भास्कर मिश्रा संग्रामी जयी राजगुरु 'O' Sreekshetrara Gangamaata Math, Saheed Jayee Rajguru Sandarbha Sambhar, op.cit, पृ. 85
59. वही
60. वही
61. जटाधारी मिश्रा, Odisara Pratham Saheed, Jayee Rajguru, Puri, 2002, पृ. 51

62. Petition of the Raja of Khurda to the Britsh Government for mercy, op.cit.
63. वही
64. वही
65. (i) Harcourt to Government, 4 January, 1805. Bengal Secret and Political Consultations, 4 April, No. 40
    (ii) Turner to Government, 10 October, 1806. Board's Collections, Vol... 318, 7244, पृ. 6 (Quoted from B.C.Ray, op.cit, पृ. 68)
66. एच.के. महताब और एस.सी. डे (ed.), History of the freedom movement in Orissa, Vol... पृ. 78
67. ए.बी. मोहंती, (ed.) मडाला पणजी, 1940, पृ. 82
68. Harcourt to Government. 4 January, 1805. Bengal Secret and Political Consultations, 4 April, 1805, No. 40. (Quoted from बी.सी. रॉय, op.cit, पृ. 68)
69. बी.सी. रॉय, ibid., पृ. 69
70. Harcourt to Government, 29 January, 1805. Bengal Secret and Political Consultations, 2 May, 1805, No. 448. (Quoted from बी.सी. रॉय, पृ. 69)
71. एस.सी. डे (ed.), Guide to Orissa Records, Vol..., Orissa State Archives, Bhubaneswar, 1961, पृ. 11
72. वही
73. एच. कुल्के, The struggle between the Rajas of Khurda and the Muslims Subahadars of Cuttack for dominance of the Jagannath temple, in A, Eschmann (ed.). The cult of Jagannath and the regional tradition of Orissa, op.cit, पृ. 349
74. चक्रधर महापात्रा, Jayee Rajguru in Banaphula (Odiya monthly), February, 1971, पृ. 65.
75. एच.के. महताब और एस.सी. डे (ed.) History of freedom movement in Orissa, Vol... op.cit, पृ. 79
76. चक्रधर महापात्रा, Banaphula,op.cit, पृ. 65
77. ए.बी. मोहंती, मडाला पणजी, op.cit, पृ. 82
78. Petition of the Raja of Khurda, op.cit.
79. एच. के. महताब और एस.सी. डे (ed.) History of freedom movement in Orissa, Vol...op.cit. पृ. 79
80. हरकोर्ट से भावे, 24 December, 1804. Add. Mss. 13610, पृ. 193 (Quoted from बी.सी. रॉय, op.cit, पृ. 73)

□

7

उपसंहार

अपने साहस, विश्वास और ईमानदारी के लिए किंवदंती बन गए जयी राजगुरु ने अपनी मातृभूमि के लिए बिना किसी द्वंद्व के आत्मोत्सर्ग किया था। उनका जीवन समर्पण का एक ज्वलंत उदाहरण था। इस महान् व्यक्ति की महानुभवता और बलिदान अगली पीढ़ी को उनके प्रति कृतज्ञ रहने की प्रेरणा देता है। अपने महती लक्ष्य के लिए वे आम जनता की आशा और आकांक्षा को स्पर्श कर पाए थे। प्रत्यक्ष और परोक्ष कार्यक्रम के द्वारा उन्होंने बहुत दिनों की ऐच्छिक ओडिया जाति की पहचान को सम्यक रूप दिया था और अपने बलिदान द्वारा उन्होंने जीवन को जीत लिया था। जीवन के बड़े फलक की ओर बढ़े थे वे। उनका नाम ही था उनके साधन का सूचक, वह विजयी थे—यथार्थ में जयी।

स्वाभाविक रूप से उन्हें न्याय नहीं मिल पाया था। 6 दिसंबर, 1806 को बहुत ही जघन्य और बर्बरता के साथ उन्हें दंडित किया गया था। कहा जाता है कि उनके दोनों पैरों को बरगद की दो अलग-अलग टहनी में बाँध दिया गया था, फिर दोनों टहनियों को तोड़ दिया गया, जिससे उनके शरीर के दो टुकड़े हो गए थे। ब्रिटिश शासन के विरुद्ध आवाज उठानेवाले एक निडर व्यक्ति के जीवन का इस तरह दुःखद अंत ओडिशा के इतिहास का एक निष्करुण, निर्मम अध्याय है, हालाँकि इस तरह के निश्चित परिणाम के बारे में उन्हें अंदाजा था। उनके कर्मयुद्ध का उद्देश्य यथार्थ में महान् था और उनका आत्मबलिदान इस प्रक्रिया में लाया था श्रेष्ठता। ओडिशा में साम्राज्यवादी शक्ति के विरोध में जीवनदान देकर वे इस मिट्टी में शहादत का

पदचिह्न छोड़ गए। तथाकथित न्यायप्रक्रिया के दौरान अंग्रेजों के अभियोग की फेहरिस्त के सामने राजगुरु ने अपने समर्थन में कोई भी तर्क प्रस्तुत नहीं किया था, बल्कि उन्होंने गर्व के साथ घोषणा की थी कि उस समय उनकी कार्यधारा गजपति परंपरा और खोर्धा राज्य के हित की सुरक्षा के लिए थी। सभी तरह के परिणाम के लिए सतर्क रहने के बावजूद किसी भी समय वे अपनी जिम्मेदारी से कभी पीछे नहीं हटे थे। दूसरी तरफ इस महान् नायक की सामर्थ्य और प्रभाव के विषय में अंग्रेज सतर्क थे, इसीलिए वे उन्हें पूरी तरह से खत्म करने का कोई भी मौका नहीं चूकते थे। राजगुरु भी उनके सभी प्रयासों का दृढ़ता के साथ सामना करते रहे। एक दुर्नीतिग्रस्त और अनैतिक सरकार की बहुत ही घृणित और अमानवीय कहानी थी यह।

राजगुरु के खिलाफ चली विचार प्रक्रिया और उन्हें दिए गए मृत्युदंड का कोई सरकारी तथ्य अब तक उपलब्ध नहीं हो पाया है। हो सकता है कि अनिश्चितता और आशंका भरे हालातों के चलते इन सारे विवरणों को जानबूझकर संरक्षित नहीं किया गया या फिर समय की निर्दय गति से सब कुछ नष्ट हो गया हो, पर उनकी साहसिकता या आत्मबलिदान की गाथा लोककथाओं और लोकगीतों में पीढ़ी-दर-पीढ़ी से चलती चली आ रही है, जो ओड़िआ जाति के राष्ट्रीयतावाद के लंबे अध्याय की उत्साहवर्धक गाथा है। भरोसेमंद विवरण के अभाव में इन सभी जनश्रुति को सच मानना पड़ेगा।

आम जनता को इस सबसे अलग रखने के लिए बहुत ही तरतीब से घटनाक्रम को सजाया गया था। राजगुरु को दंडित करने के कारण से जनता में उत्पन्न गुस्से को टालने के लिए कंपनी सरकार ने दंड देने का स्थान दूर जगह पर रखा था। बहुत ही गुप्त तरीके से उनका छलभरा विचार संपन्न हुआ था और फिर अमानुषिक तरीके से उनकी हत्या की गई थी और ऐसी दुःखद तथा भयानक घटना का आभास खोर्धा के लोगों तक नहीं पहुँच पाया था। जनश्रुति है कि 'काउ बोले राउ राउ, जयी राजगुरु फाँसी पाइले केहि न जाणिले आउ' यानी कौआ बोला काँव-काँव, जयी राजगुरु को फाँसी हुई कोई न जाना। और इस तरह के निष्ठुर और अमानवीय कृत्य के विरोध

में तुरंत अपनी स्वाभाविक प्रतिक्रिया व्यक्त करने के लिए जनता के पास अवकाश नहीं था।

इस समय पतनोन्मुखी मराठा शक्ति अपनी स्थिति को बनाए रखने की बजाय आपस में ही झगड़ रहे थे और धूर्त औपनिवेशिक शक्ति अपने राजनीतिक विप्लव को जारी रखे हुए थी। इस घटनाक्रम की भूमिका में जयी राजगुरु खोर्धा राज्य प्रशासनिक सत्ता के केंद्र बिंदु थे। चिरप्रचलित काल से ऐतिहासिक प्रक्रिया की अंतर्निहित गतिशीलता, 'आह्वान और निर्दिष्ट जवाब' (Challenge and Response) चिंताकल्प या धारणा के साथ संपृक्त है। समय के आह्वान में नाबालिग दायित्वशून्य राजा के प्रतिनिधि के तौर पर वह अपने प्रभाव और क्षमता का बिना दुविधा के व्यवहार करते हुए यथार्थ जवाब भी तैयार रखते थे। सन् 1804 में खोर्धा विद्रोह में संगठित सभी घटनाक्रम के वे मुख्य उद्यमी थे। बहुत बार ऐसा होता है कि परिवेश की आवश्यकता से एक ऐसे व्यक्तित्व का विकास होता है, जो बाद की घटना के रूपकार बनते हैं, परिस्थिति ही जन्म देती है पथप्रदर्शक को। समकालीन स्थिति में जयी राजगुरु के जीवनदर्शन का विश्लेषण करने से प्रकाशित होत है—एक स्थिर निश्चित सत्य—राष्ट्रीयता, जाति की गति, मुक्ति और प्रगति के लिए उनकी समझौता न करने की मनोवृत्ति। असहाय, दुर्बल, नाबालिग राजा की तरफ से हर तरह की परिस्थिति से मुकाबला करने के लिए वह सदैव तत्पर रहते थे। अपने को सिर्फ परामर्शक या दिग्दर्शक की भूमिका में सीमित न रखकर जन्मभूमि के वृहद् स्वार्थ के लिए प्रशासनिक लगाम को भी दृढ़ता से हाथ में लिया था। यथार्थ में वे थे समय के प्रतिनिधि, क्योंकि परिस्थिति ने ही उन्हें बनाया था एक विशिष्ट ऐतिहासिक घटना का अग्रदूत। संकल्पबद्ध दृढ़ व्यक्ति के तौर पर निष्क्रिय खोर्धावासियों के मन में राजगुरु ने भर दिया था शक्ति, सामर्थ्य और प्रतिवाद का बीज। कभी-कभी अपनी परिकल्पित कर्मसूची को उसी रूप में कार्यान्वित करने के लिए कठोर तथा अनमनीय होने में भी वह पीछे नहीं हटते थे। इस कारण से मतलबी लोग उन्हें घमंडी कहते थे। इसी तरह से उनका चरित्र हनन करने के लिए काल्पनिक

कहानियाँ गढ़कर लोगों में प्रचार करते थे।

राजगुरु के राजप्रतिनिधित्व का समय प्रशासनिक व्यवस्था में हुए बहुमुखी बदलाव के लिए प्रसिद्ध है। व्यवसाय और वाणिज्य में अर्थनैतिक वृद्धि नजर आने लगी थी। ओडिया जातीयतावाद के विकास में सहायक हुआ था, अंत:राज्य से हो रहा वाणिज्य संपर्क। दूसरे देशीय राज्य तथा मराठा शक्ति के साथ उत्तम कूटनीतिक संपर्क की शुरुआत करने से वे साम्राज्यवादी सरकार के विरोध में शक्ति प्रदर्शन करने में समर्थ हो पाए थे। पुनर्गठन और तार्किक नियुक्ति प्रक्रिया के द्वारा सेना ज्यादा मजबूत और समर्पित हुई थी। ज्यादा-से-ज्यादा जरूरी अस्त्र-शस्त्र संग्रह करने से सेना का युद्ध कौशल उन्नत हुआ था। खोर्धा की गोरिल्ला वाहिनी ने शत्रुओं के शिविरों में डर और आशंका के वातावरण की सृष्टि की थी।

अपनी शक्ति और प्रभाव के बावजूद राजगुरु कभी भी राजा द्वितीय मुकुंद देव को कम नहीं समझते थे। उदाहरण के तौर पर जब चारों परगना को वापस पाने की आशा और कुछ धन के बदले में राजा कंपनी सेना को अपने राज्य के भीतर से सुरक्षित यात्रा करने की अनुमति देने के लिए राजी हो गए थे, तब राजा के इस गलत निर्णय को भी उन्होंने बिना इच्छा के मान लिया था। राजा और राज्य की मर्यादा की रक्षा के लिए असंतोष भरे मन से सभी कार्य को पूरा करते हुए राजा के निर्णय को स्वीकार कर लिया था। वे बहुत ही अच्छी तरह से ईस्ट इंडिया कंपनी के चरित्र को समझ गए थे। नीति नहीं बल्कि उद्देश्य को साधना ही उनका एकमात्र लक्ष्य था।

मराठा शक्ति का पतन होने के बाद कटक अंग्रेजों के अधीन हो गया था, पर उसके बाद ही बहुत आसानी से अपने वादे से मुकर गई थी कंपनी सरकार। अंग्रेज सरकार के इसी विश्वासघात के चलते राजगुरु, राजा और राज्य के सम्मान की रक्षा के लिए कठोर कदम उठाने हेतु तत्पर हो गए थे और पराक्रमी अंग्रेज शक्ति के साथ संघर्ष करना जरूरी हो गया था, परिणाम के लिए सजग रहने पर भी खोर्धा राजा की प्रभुता की प्रतिष्ठा के लिए वे सतत प्रयासरत थे। उन्होंने ओडिशा देशीय राज्य तथा मराठा शक्ति को

औपनिवेशिक शासन के विपक्ष में एकजुट किया था और जीवन की आखिरी साँस तक राजा का विश्वस्त रहकर मातृभूमि के लिए आत्मोत्सर्ग कर दिया था। उनके त्याग और बलिदान का कोई भी अंत नहीं है। कवि रमेशचंद्र भंज ने लिखा था—

'केते जे काल गलाणि बहि
रहि जाइछि कथा,
जइआ पछे जीबन देला
नुआइं नाहिं मथा।'

अर्थात्—

कितना समय बीत गया पर रह गई है बात।
जयी ने जीवन दे दिया पर झुकाया नहीं माथ।

विदेशी शक्ति के साथ संघर्ष के समय उनके साथ जनता का समर्थन था। पूरे राज्य में अंग्रेज प्रशासन का विरोध हुआ था। उनके अभियान में सिर्फ पाइक ही सम्मिलित नहीं थे वरन् समाज के विभिन्न वर्ग के लोगों ने इस अवसर पर खोर्धा प्रशासन की तरफ उदारता के साथ अपना हाथ बढ़ा दिया था।

पुनश्च यहाँ उल्लेख किया जा सकता है कि अब तक राजगुरु के कारावास, विचार और प्राणदंड के सटीक स्थान का निर्णय नहीं हो पाया है। पहले विश्वास किया जा रहा था कि उन्हें पश्चिम बंगाल के मेदिनीपुर में बंदी बनाया गया था और वहीं उनका विचार किया गया था, पर तथ्यों को लेकर जब द्वंद्व उत्पन्न होने लगा तो जयी राजगुरु स्मृति कमेटी के अनुरोध पर पुरी के जिलाधीश ने राजगुरु के फाँसीदंड के बारे में विस्तार से तथ्य मुहैया कराने के लिए पश्चिम बंग के मेदिनीपुर के जिलाधीश से अनुरोध किया।[1]

इसी संदर्भ में मेदिनीपुर के जिला प्रशासनिक अधिकारी ने उत्तर दिया कि मेदिनीपुर का कारागार सन् 1806 के बाद बना था, इसलिए यहाँ जयी राजगुरु नाम के किसी व्यक्ति को फाँसी देने के बारे में कोई सरकारी दस्तावेज उपलब्ध नहीं है।[2]

इससे यह स्पष्ट हो जाता है कि पश्चिम बंगाल के मेदिनीपुर के कारागार में जयी राजगुरु को बंदी नहीं बनाया गया था। इसके बाद सन् 2008 में कुछ इतिहासकार, विशिष्ट व्यक्ति, समाजसेवी और सरकारी कर्मचारियों के साथ स्मृति कमिटी के सदस्य बालेश्वर से लगभग पंद्रह किलोमीटर दूर मेदिनीपुर नाम के एक गाँव में तथ्य संग्रह करने के उद्‌देश्य से गए थे। अचरज की बात है कि इसी गाँव से शहीद राजगुरु की मृत्यु से संबंधित कुछ तथ्य (निशान, प्रतीक) प्राप्त हुए।[3]

मेदिनीपुर गाँव का एक हिस्सा, जो 'अनंतपुर' नाम से जाना जाता है, वहाँ चार सौ साल पुराने बरगद के पेड़ के साथ, 'बाघनला' नाम का एक सँकरा नाला उन्हें नजर आया। आज का मेदिनीपुर गाँव अनंतपुर, माधवपुर जैसे चार छोटे-छोटे प्रांतों को लेकर बसा है। इस इलाके के लोगों ने 'बाघितोटा' नामक एक फल का बगीचा होने की बात स्मृति कमेटी के सदस्यों को बताई थी। इन सभी परिस्थितियों को देखा जाए तो यह विश्वास किया जा सकता है कि संभवत: इसी बाघितोटा में बंदी बनाकर रखा गया था। तथाकथित विचार प्रहसन के बाद राजा द्वितीय मुकुंद देव को बहाल कर दिया गया था और शायद राजगुरु को यहाँ बरगद की टहनी पर फाँसी दे दी गई थी।

स्मृति कमेटी के सदस्यों को वहाँ के गाँव के लोगों ने यह भी बताया कि वहाँ के लगभग नब्बे प्रतिशत वासी खोर्धा जिले के अंतर्गत बालिअंता इलाके के लोग हैं।[4] वे सब खंडायत हैं और उन सबका सरनेम प्रधान और लेंका है। जिस तरह से दो टहनी में बाँधकर राजगुरु के शरीर के दो टुकड़े कर दिए गए थे, पेड़ के उस हिस्से को भी दिखाया। यह भी बताया कि अपने पूर्वजों से राजगुरु को यहीं फाँसी देने की बात उन्होंने सुनी थी। संभवत: राजा और राजगुरु के साथ वे खोर्धा (कटक) से मेदिनीपुर तक आए थे। जयी राजगुरु को अमानवीय तरीके से फाँसी दी गई तो कहीं जनता में गुस्सा न फैले इसलिए प्रशासन ने उन्हें वापस लौटने नहीं दिया। समय के बीतने के साथ वे उस इलाके के वासी हो गए। इस सब आसपास से मिले प्रमाण के चलते यह विश्वास किया जा सकता है कि पश्चिम बंग के मेदिनीपुर नहीं, बल्कि

ओडिशा के बालेश्वर जिले का मेदिनीपुर गाँव ही था जयी राजगुरु की फाँसी का स्थान।[5]

यह भी कहा जा सकता है कि बाद के समय में अंग्रेज विरोधी विद्रोह का दृढ़ता के साथ नेतृत्व करनेवाले बक्सी जगबंधु विद्याधर सन् 1804 में खोर्धा विद्रोह की शुरुआत में संपूर्ण निष्क्रिय थे। कुछ विद्वानों के अनुसार, जानबूझकर जगबंधु को वहाँ महत्त्व नहीं दिया गया था। कुछ और विद्वानों की राय है कि उस परिस्थिति में बक्सी गजबंधु ने चुप रहना उचित समझा था। प्रो. बी.सी. राय ने अंग्रेजी में लिखी पुस्तक, 'बक्सी जगबंधु' में लिखा है कि 'खोर्धा राजा और अंग्रेजों के बीच हुए इस महत्त्वपूर्ण संघर्ष में राजसेनापति के तौर पर बक्सी जगबंधु को विदेशी शक्ति के विरोध में 'करो या मरो' रणनीति के तहत युद्ध करना था, पर किसी भी देशी या विदेशी विवरण में जगबंधु का नाम नहीं मिलता है। इससे यह धारणा स्पष्ट हो जाती है कि संभवत: अंग्रेज जैसी एक महाशक्ति, जिन्होंने मराठा शक्ति को ओडिशा से खदेड़ दिया था, उनके विरुद्ध लड़ाई कर खोर्धा राज्य गँवाने के पक्ष में नहीं थे बक्सी जगबंधु। शायद इसी आशंका के चलते जयी राजगुरु के साथ सहमत न होकर सन् 1804 में हुए महत्त्वपूर्ण खोर्धा विद्रोह से अपने को दूर रखा था।'[6] प्रोफेसर राय ने यह भी कहा कि 'पराक्रमी अंग्रेजों के सन् 1803 में ओडिशा पर अधिकार करने के समय से तुलना की जाए तो राजगुरु की अपेक्षा जगबंधु ने संयम और दूरदर्शिता दिखाई थी।'[7]

इस संदर्भ में सरकारी विवरण में एक अलग तथ्य का पता चलता है। बक्सी जगबंधु उस समय एक साधारण व्यक्ति थे। उनकी कई घरेलू समस्याएँ थीं। वे राजकर्मचारी नहीं थे। 23 मई, 1817 को लिखे पत्र में कटक के जिलाधीश डब्ल्यू. ट्रोयर (W.Trower) ने बोर्ड ऑफ रेवेन्यू के कार्यकारी सेक्रेटरी जे.पी. वार्ड (J.P. Ward) को रोडंग जिला और जगबंधु के बारे में सविस्तार लिखा था— 'रोडंग जिला सुपुर्द किए गए परगना का अंशविशेष था, जिसे जगबंधु के पूर्वजों ने खरीदकर अपनी संपत्ति बनाया था। वे खोर्धा राजा के वंशानुक्रमिक बक्सी यानी सेनापति थे और राजपरिवार के साथ

विवाह सूत्र में संयुक्त थे। सभी परगना के हाथ से चले जाने के बाद भी रोडंग जिले की जमींदारी के उपभोग के दौरान जगबंधु और उनके पिता के भाइयों के बीच अधिकार को लेकर द्वंद्व होने लगा। घटनाक्रम में अपने पिता के भाई की हत्या कर जगबंधु के भाग जाने से रोडंग दुर्ग को सरकार द्वारा अपने अधिकार में ले लिया गया था।'[8]

उपरोक्त पत्र से यह अनुमान किया जा सकता है कि जगबंधु और उनके पिता के भाइयों के बीच संपत्ति को लेकर झगड़ा हुआ, जिसके परिणामस्वरूप परिवार में हत्या हुई और जगबंधु दृश्य से ओझल हो गए। इसका फायदा उठाकर मराठा शक्ति ने रोडंग पर अधिकार कर लिया था, इसलिए ओडिशा पर अंग्रेजों ने जब कब्जा किया था, उस समय जगबंधु पद-मर्यादाविहीन एक साधारण व्यक्ति थे। पुनश्च: 3 जून, 1807 को बोर्ड ऑफ रेवेन्यू के आर. रॉक (R. Roke) और डब्ल्यू. ओरटन सलमॉन (W. Orton Salmon) ने महामहिम गवर्नर जनरल को एक पत्र में लिखा था—'परिवार में हुई हत्या के बाद मराठा शक्ति शासनकाल के समय में जगबंधु एक पलातक थे (यद्यपि वे कानून तोड़नेवाले, outlaw नहीं थे) और उनकी जमींदारी पर सरकार ने अधिकार कर लिया था। किस परिस्थिति में उन्होंने वापस लौटकर जमींदारी पर पुनः अपना अधिकार कर लिया था, इसके बारे में कोई जानकारी नहीं है; पर यह माना जा सकता है कि अंग्रेजों के ओडिशा पर अधिकार करने के समय वे सरकारी पद पर नहीं थे। उनके पास कोई सत्ता नहीं थी और वे एक साधारण व्यक्ति मात्र थे।'[9]

यह भी सच है कि सन् 1803 में कर्नल हारकोट ने जब पुरी पर अधिकार किया था, उस समय अंग्रेजों की सत्ता को स्वीकार करनेवालों में से जगबंधु भी थे।[10] यहाँ तक कि हारकोट से उनके अभियान में मदद करने के लिए हाथ भी बढ़ाया था।[11]

कई पीढ़ी तक जगबंधु का परिवार जमींदार के तौर पर रोडंग जिले की जमींदारी का उपभोग कर रहा था। सितंब 1804 में ओडिशा में पहली बार नियमित भू-बंदोबस्त में जगबंधु को रोडंग जिले का स्वामित्व मिला था,

जिसकी अवधि एक साल (1804–1805) की थी। इसके बाद त्रैवार्षिक बंदोबस्त को कार्यकारी किया गया था। अंग्रेजों के ओडिशा पर अधिकार के बाद लगातार तीन साल तक रोडंग जिले का मालिकाना हासिल कर जगबंधु नियमित सरकार को उनका कर देते रहे, पर बदकिस्मती से बाद के दिनों में कुछ अमला और एक बंगीय दलाल कृष्णचंद्र सिंह के षड्यंत्र का शिकार हुए थे जगबंधु। उनकी सुचिंतित चालाकी के कारण जमींदारी गँवाकर जगबंधु संपत्तिहीन हो गए थे। अधिकारियों के लिखे उनके पत्र का कोई लाभ उन्हें नहीं मिला था, इसलिए अंग्रेज सरकार पर उनका विश्वास हट गया था और वे बदला लेने के लिए मौके का इंतजार करने लगे।

मुख्य उद्यमी राजगुरु जयकृष्ण महापात्र के फाँसीदंड और खोर्धा राजपरिवार के स्वतंत्रता गँवा देने के बाद भी अंग्रेज साम्राज्यवाद नीति के विरोध में विद्रोह की आग नहीं बुझी थी। यह आग फिर से सन् 1817 में जल उठी थी। वास्तव में यह प्रयत्न जनता को गहरे प्रभावित कर रहा था।

वैशिष्ट

शक्ति और सामर्थ्य का प्रदर्शन था भारत में ब्रिटिश औपनिवेशिक आधिपत्य विस्तार का प्रमाण। जनता के विद्रोह को बारबार शक्ति का उपयोग कर दमन करने में कंपनी प्रशासन कभी पीछे नहीं रहा था। अंग्रेजों का यह दृढ़ विश्वास था कि वे न्यायप्रिय और जनता के हितैषी हैं, इसलिए सामाजिक, आर्थिक और सांस्कृतिक क्षेत्र में भारत का विकास और अग्रगति उनके द्वारा ही संभव है। दूसरे, घमंड से चूर वे अपने को अजेय समझने लगे थे। कमजोर और एकताहीन भारतीयों के द्वारा औपनिवेशिक शक्ति का विरोध करना असंभव है, इस बारे में वे निश्चित थे।

इस दृष्टि से अंग्रेजों की विस्तार नीति के विरोधी राष्ट्रीयतावादियों का मौलिक दायित्व था, शोषणलिप्त विदेशियों के असली रूप को सामने लाकर उन्हें उचित जवाब देने के साथ ही उनकी स्वार्थपरक ओढ़ी हुई उदारता से प्रभावित न होकर संग्राम और त्याग के लिए जनता को साहस और निडरता

के मंत्र में दीक्षित करना। यह संग्राम एक स्वयंसिद्ध सत्य पर आधारित था; मानसिक रूप से जागृत एक जाति का अपनी सहमति के बिना किसी भी बाहरी शक्ति द्वारा चिरकाल तक नियंत्रित होना असंभव है।

भारत में ब्रिटिश औपनिवेशिक आधिपत्य का विस्तार एक लंबी प्रक्रिया थी, जिसने समाज और अर्थनीति को गहरे प्रभावित किया था, लेकिन यह कार्यधारा पहले से ही हर स्तर पर जनता के रोष के चलते प्रतिरोध का सामना करती रही थी। अंग्रेजों से पहले सौ साल के शासन के समय में अनेक विद्रोह और संघर्ष की शुरुआत हुई थी, जिसका नेतृत्व लिया था सत्ताच्युत हुए राजा, नवाब और बेदखल हुए जमींदार और कृषकों ने। सन् 1763 से लेकर 1856 तक लगभग सौ से अधिक छोटे और चालीस से अधिक बड़े विप्लव हुए थे भारत की मिट्टी में। बंगाल का 'संन्यासी विद्रोह', जो बंकिमचंद्र चटर्जी के 'आनंद मठ' में स्थानित होकर प्रसिद्ध हुआ और 1763 से लेकर 1800 तक विस्तारित हुआ था। उसके बाद ही बंगाल और बिहार में 'चुहार विप्लव' 1766 से 1772 तक, फिर 1795 से लेकर 1816 तक व्याप्त हुआ था। उसी तरह से पूर्व भारत में औपनिवेशिक आधिपत्य विस्तार के विरोध में रंगपुर और दिनाजपुर (1783), विष्णुपुर और वीरभूम (1799) में भी हुआ था। उसी समय में खोर्धा (1804–1817) में हुए विद्रोह के साथ ही कई ओडियाभाषी इलाके, जैसे पारलाखेमुंडी (1813–14), संबलपुर (1827–1840), गंजाम (1835) में हुए ब्रिटिश सरकार विरोधी वृहद् विप्लव उल्लेखनीय हैं। उनके औपनिवेशिक आधिपत्य के विरोध में हुए विद्रोह बलिष्ठ स्थानीय परंपरा पर आधारित थे और यही विद्रोह का ऐतिहासिक तात्पर्य था। बाद के समय में इन्हीं सब अव्यवस्थित प्रक्रिया द्वारा भारत के स्वाधीनता संग्राम को प्रेरणा मिली थी।

अंग्रेजों का बहुत ज्यादा शक्ति का प्रयोग करना और राजा–राजगुरु का कारावास और बाद में जयी राजगुरु की निर्मम हत्या ने खोर्धा राज्य में विषाद के वातावरण की सृष्टि की थी, पर वीरभूमि (खोर्धा) की संतान निराश नहीं हुई थी। संकट के समय को पार कर जनता ने उपयुक्त समय में उचित जवाब देने के लिए फिर से संकल्प लिया था।

विद्रोह एक निर्दिष्ट घटना में आबद्ध नहीं है। यह एक चक्करदार प्रक्रिया है, जो अनवरत, 'सक्रिय प्रतिरोध और आतंकहीन प्रतिरोध' के स्तर पर गतिशील होता रहता है। इसका आतंकहीन पर्याय वह है जब क्लांति से मुक्त होकर अगले पर्याय में संघर्ष के लिए मानसिक और सांगठनिक स्तर पर तैयारी को मजबूत किया जाता है।

जयी राजगुरु से उत्तराधिकार के रूप में मिले दो विशेष गुण, साहस और त्याग ने खोर्धा की आम जनता को गहरे से प्रभावित किया था। वे औपनिवेशिक आधिपत्य के प्रतिरोध करने में कभी पीछे नहीं हटे थे। एक सुसंगठित और तालीम प्राप्त पाइक वाहिनी, जिसका जयी राजगुरु ने बहुत यत्न से परिपोषण किया था, वह जब ब्रिटिश शासन काल में कर्मच्युत और जागीर से बेदखल किए गए, तो उन्हें बहुत नुकसान का सामना करना पड़ा था। चूँकि पाइकों की जरूरत नहीं थी, इसलिए सरकार ने जागीर खत्म कर दी थी और उनकी जमीन को करयुक्त कर दिया गया था। ऐसे हालात में जब पाइक सेना जागीर से बेदखल हो गई थी, तब स्वाभाविक तौर पर वह असंतुष्ट होकर उग्र हो गई थी। जयी राजगुरु की अनुपस्थिति में औपनिवेशिक आधिपत्य विरोधी एक दृढ़ गोष्ठी तैयार हो गई थी, जो विदेशी सरकार को उपयुक्त समय पर आघात देने में पीछे नहीं रह रही थी।

जनवरी 1805 में कंपनी सरकार ने खोर्धा को खास घोषित करते हुए मेजर फ्लेचर को प्रशासक नियुक्त किया और परिवर्तन प्रक्रिया के तहत कई जन-विरोधी कार्यक्रम की शुरुआत की थी। पहले से प्रचलित भू-स्वत्व और राजस्व-प्रथा को खत्म करते हुए खोर्धा में स्वल्पमियादी बंदोबस्त का प्रचलन किया था। पीढ़ियों से भोग रही करमुक्त जमीन पर बहुत ज्यादा कर लगा दिया गया था। पहले खोर्धा में एक मुश्त 1,06,000 रुपए का कर तय किया गया था, जिस पर धीरे-धीरे कर बढ़ा दिया गया था। इस समय कर्ज देनेवाले की सामर्थ्य के बारे में विचार नहीं किया गया। पहले मराठा शक्ति के समय प्राकृतिक दुर्घटना जैसे, बाढ़, तूफान, अकाल होने पर फसल की आमदनी पर कर कम किया जाता था या फिर छूट दी जाती थी, पर कंपनी सरकार ने इस

तरह की जन हितकारी प्रथा का त्याग कर दिया था।

सन् 1808 और 1809 के वित्तीय वर्ष में खोर्धा में समानंद राय और गणेश बाबू को बढ़े हुए कर को वसूलने का दायित्व दिया गया था। दस साल के लिए एकमुश्त कर था, 1,18,000 रुपए। ये दो लाभखोर व्यक्ति अन्यायपूर्ण तरीके से प्रजा से जबरदस्ती आहिक कर वसूल करते थे, जो कि करदाताओं की क्षमता से परे था। इसके चलते कर देकर खेती करनेवाली प्रजा अपना घरद्वार छोड़कर विदेश चली गई और दादन श्रमिक कही जाने लगी।

इस काल में खोर्धा में नियुक्त प्रशासन के निचले पद पर स्थित अमीन और पुलिस के अत्याचार से प्रजा परेशान हो गई थी। मिर्जा मेहँदी नाम का एक दरोगा कई तरह के गैर-कानूनी तरीके आजमाकर लोगों पर जुल्म ढाता था। दुर्नीति का राज होने लगा था, जनता शोषण की शिकार होकर पीड़ित और दुःखी रहने लगी थी।

दूसरे एक घटनाक्रम में कौड़ी का मूल्य घट जाने से आम जनता की दुर्दशा का अंत नहीं हो रहा था। मराठा शासन के समय से कौड़ी राज्य की मुद्रा के रूप में प्रचलित था, पर ब्रिटिश शासन काल में सरकार कौड़ी के बदले चाँदी का सिक्का मुद्रा के रूप में प्रचलन में लाई गई थी। राजस्व भी चाँदी के सिक्के में वसूल किया जाने लगा था, जिसके चलते सरकारी प्रोत्साहन के अभाव में कौड़ी का मूल्य घट गया था। लोग चाँदी का सिक्का न होने के चलते गाँव में सिक्के के बदले वस्तु-विनिमय व्यवस्था अपनाने के लिए मजबूर हो गए थे। जरूरत की चीजें महँगी हो जाने के कारण भी आम जनता की आर्थिक स्थिति बहुत प्रभावित हुई थी।

इसी तरह से और एक आर्थिक दुर्गति का कारण था नमक का एकतरफा कारोबार। मराठा शासन के समय समुद्र के किनारे के इलाकों में नमक का उत्पादन प्रचुर मात्रा में किया जाता था, साथ ही बंगाल, बेरार और दूसरे प्रांतों में भेजा जाता था। मराठा सरकार नमक व्यवसायियों से कम कर्ज तो वसूलती ही थी, नमक की बिक्री पर एकतरफा नियंत्रण भी नहीं रखा था, पर कंपनी सरकार बहुत ज्यादा फायदा उठाने के चक्कर में नमक कारोबार पर अपना

ही अधिकार करने के लिए बहुत आग्रही थी। सन् 1806 में जेम्स किंग ने कटक में पहले एजेंट के तौर पर नमक विभाग का कार्यभार सँभाला था, पर नमक के इस एकतरफा सरकारी व्यवसाय से नमक की कीमत आसमान को छूने लगी थी, जिससे ओडिशा की जनता बहुत ज्यादा प्रभावित होने लगी थी। ग्राहकों की जरूरत के मुताबिक नमक बाजार में उपलब्ध नहीं था। सन् 1817 में नमक की दर मराठा शासन के समय से छह गुना ज्यादा बढ़ गई थी। हर दिन की जरूरत वाले नमक के अभाव से राज्य में जटिल परिस्थिति उत्पन्न होने लगी थी। इसी तरह से ब्रिटिश शासन के आरंभ में ओडिशा में एकतरफा नमक का व्यवसाय जनता में घोर असंतोष को जन्म देने लगा था।

विद्रोह के एक साल बाद सन् 1818 में कमिश्नर एवेर ने जो विवरण प्रदान किया था, उसके एक महत्त्वपूर्ण विषय का यहाँ उल्लेख किया जा सकता है। उस समय जो आइन-कानून प्रचलित था, वह बंगाली या फारसी भाषा में लिपिबद्ध था। ओडिया भाषा में कानून लिपिबद्ध नहीं था, इसलिए ओडिशा के लोगों को कानून के बारे में कोई जानकारी नहीं थी। ओडिशा के आचार, संस्कृति को बिना समझे अंग्रेज अधिकारियों ने स्वार्थी बंगाली और मुसलिम अमीनों पर भरोसा कर ओडिशा के लोगों को कानून से मिलनेवाले लाभों से वंचित कर दिया था। अदालत, पुलिस, राजस्व और नमक जैसे विभागों में ओडिशावासियों का कोई स्थान नहीं था। सरकारी नौकरी में ओडियाभाषी के किसी पद पर न होने से प्रशासनिक व्यवस्था के साथ आम जनता का परिचय नहीं हो पाया था। खोर्धा के राजा, जयी राजगुरु और बक्सी जगबंधु किन परिस्थितियों में विद्रोही हुए, इसका प्रामाणिक अनुशीलन है कमिश्नर एवेर का विवरण।

संक्षेप में अंग्रेज प्रशासन के अतार्किक, मनमाने नीति-नियम जैसे बार-बार जमीन बंदोबस्त का बदलना, बिना कर के खेती करने के कानून को खत्म करना, कौड़ी का अवमूल्यन, जरूरत की चीजों का महँगा होना, नमक पर एकतरफा अधिकार जमाना, पुलिस कर्मचारियों का अनीतिपूर्ण कारोबार, सरकारी कर्मचारियों का भ्रष्ट और शोषक व्यवहार, भू-मालिकों का अधिकार

हनन आदि विविध कारणों से समाज के हर वर्ग के लोगों में घोर असंतोष दिखाई देने लगा था, जो गण–विद्रोह के रूप में उभरकर आया।

इन हालातों में पाइक सेना और कृषक वर्ग, एक नेता या मार्गदर्शक के इंतजार में थे, जो उन्हें ब्रिटिश सरकार के विरोध में संघर्ष करने के लिए नेतृत्व दे सके। इसलिए सन् 1804 के विद्रोह के कुछ साल बाद खोर्धा की निर्भीक जनता सन् 1807 में फिर एक बार ब्रिटिश सरकार के विरुद्ध आवाज उठाने में पीछे नहीं हटी थी। इसका नेतृत्व किया था बक्सी जगबंधु विद्याधर महापात्र ने। उन्होंने खुद अंग्रेजों के मनमाने शासन के कारण अपना सबकुछ गँवा दिया था। सन् 1804 में जयी राजगुरु के मार्गदर्शन में शुरू हुए औपनिवेशिक आधिपत्य के विरुद्ध विद्रोह का यह एक विस्तीर्ण संस्करण भर था।

संदर्भ–

1. The Samaj, 6 December, 2008
2. वही
3. वही
4. वही
5. वही
6. बी.सी. रॉय, Bakshi Jagabandhu, the path finder of freedom movement of India (Bhubaneswar, 2001) पृ. 4
7. वही
8. डब्ल्यू. ट्रावर, Collector of Cuttack to J.P. Ward, Acting Secretary to the Board of Revenue, 23 May, 1817, in S.C. De, Guide to Orissan Record, Vol (Odisha State Archives, Bhubaneswar, 1961) पृ. 20
9. आर. रॉके और डब्ल्यू. ओर्टोन, Salmon, Board of Revenue to H.E., the Governor General, 3 June, 1817. वही, पृ. 38
10. जी. टॉयन्बी, A Sketch of the History of Orissa, Prafulla, Jagatisinghpur, Odisha, 2005, पृ. 23
11. केदारनाथ महापात्रा, Khurda Itihasa, Bhubaneswar, 1969, पृ. 294

□

Petition of the Raja of Khorda to the British Government

That your prititioner, in conformity to the custom of his anscestors and to prove himself deserving of the favour of the Honourable Company, has been always on amicable terms with the Magistrate at Ganjam and according to the dictates of friendship, your petitioner's Vakeel resided with the above gentleman and in return his, resided with your petitioner. When your petitioner's father died, your petitioner was very young and on this account the Rajgurooroo having been appointed Mookhtar for directing the affairs of the country, placed your petitioner on the Musnud. During the Mookhtarship of the Rajgooroo, your petitioner except the name, had not any of the power of the Raja. At this time the English forces attacked the fort of Cuttack and Colonel Harcourt, Mr. John Melville and the Magistrate at Ganjam, having summoned your petitioner's Vakeel, acquainted him that they had intention of taking the city of Cuttack and directed him to request his master to withdraw himself from the Marathas, and to afford a clear passage to the English, The above Vakeel, in conformity to the orders of the above gentleman, made known these circumstances to your petitioner,. Immediately on hearing this your petitioner being rejoiced, sent to the above Vakeel to represent, that the Marathas had by violence and force of arms wrested from your petitioner Sri Purusotum, and other places, altogether four Mahauis; and that on this account, your petitioner being desirous of meeting with the favour of the Company, prayed night and day, that the country might fall under the dominion of the Company, and that then your petitioner would have justice done to him. Agreeably to your petitioner's wishes, the Kanoongoh of the Company advanced. Your petitioner was in hope according to the hereditary custom, your petitioner would have the above Mahauls granted to him. To the representations of the Vakeel, the above gentelman observed with kindness that the our Mahauls and a lac of rupees in cash, should be given to your petitioner, provided that your petitioner should from no alliance with the Marathas. In consequence of hearing this, your petitioner afforded them a safe passage and Colonel Harcourt with a large army advanced and gained possession of the fort of Cuttack. During these circumstances your petitioner's Vakeel was with the above gentleman-after this the Rajgooroo went to cuttack, and having had an audience, laid a petition requesting, according to promise, the delivery of the Mahauls. Colonel Harcourt in answer observed that not a span of land should be given up and that from the lc of rupees a part should be given then and the reminder at some future time. God knows how much money was given to the Rajgooroo, your petitioner knows not. That which he did receive, he expended on the pay of the troops in his service. He then returned from Cuttack and said to your petitioner " I at first warned you from forming an alliance with the Commander of the Company's troops, and from affording him a safe passage, Now Colonel Harcourt has not given up the Mahauls and has also intentions of talking from you what hereditary country remains in your possession". During this Colonel Harcourt sent the Kanoongoh, Suddar, Mahashai to draw up a quirarnama and agreeably to his wishes, your petitioner signed the quiraanama with knowledge of the Rajgooroo and told the Rajgooroo to dismiss the troops in his service, fr that your petitioner had determined to discharge the obligations of a well wishers, and subject to the company and that by this means, your petitioner would become fortunate and prosperous. Having heard the substance of your petitioner's speech, the Rajgooroo was displeased and told the troops to receive their pay from your petitioner. Accordingly, they violently demanded their pay and deprived your petitioner of food and clothing for two or three days. Under these circumstances your petitioner told them that he had not retained them in his service, but that the Rajgooroo had, and desired them to demand their pay from him. the Rajgooroo was enraged at this and by way of procuring money for their pay, led the troops in to those Mahauls which the Marathas had by force taken up possession of and attacked and plundered them. In these Mahauls, the troops of the Rajgooroo fought and skirmished with Company's force who were stationed there. Being informed to this Colonel Harcourt attacked the fort of Khoordha, on which account your petition determined to have a conference with him. Hearing this the Rajgooroo returned r\from the Mahauls and consulted to confine your petitioner in prison and fight the Company's army. Your petitioner having been made acquainted with this, abandoned the fort and took the road into the jungles. At length the affairs of the unskilful and imprudent Rajgooroo were ruined and he was put to flight. Colonel Harcourt having taken the fort, plundered the whole of your petitioner's property and possessions. After this the Ryots of the Country, who had been much harassed by the tyranny of the Rajgooroo, seizing the opportunity caused him to be confined and sent to Colonel Harcourt, Colonel Harcourt asked him whether he had caused these disturbances of his own accord or at the instigation of the Raja, your petitioner. He answered that the Raja was a child and that what hd been done by himself. After this your petitioner sent his Vakeel with intent to request an audience of Colonel Harcourt, who detained the Vakeel as prisoner. Your petitioner then sent his Dewan for the same purpose, who was also detained as prisoner. Having no remedy your petitioner sent Fatch Mohammud, a Jamadar, a servent of the Company and ambassador to Mr. Betun to procure an audience of Colonel Harcourt.

He, by the order of Colonel Harcourt, came himself to your petitioner and comforted and encourage him. In spite of this, Colonel Harcourt, not deigning your petitioner an audience, imprisoned him in the fort of Cuttack. Now being a prisoner at Midanapore, your petitioner passes his time in great distress, and his family being also in confinement in the city of Cuttack are in great trouble. The man who had acted as Mookhatars, in not having attended to the orders of your humble petitioner, were deserving of punishment from the Company. They have met with the due punishment of their deeds. Your petitioner is innocent and with the name of Raja, had no power, no influence, in the direction of the country, although your petitioner attended the Commander of the Company's forces, he is confined, and suffers much distress. The whole age is acquainted with the justice of the Company and until now the British Government has never deprived a Zamindar of his Estate, without his being guilty of some offence. Your petitioner therefore prays that a copy of this petition may be laid before the Government Genera, and that your petitioner being found deserving of compassion, may be freed from prison. May yiu order this and may the sun of your prosperity shine bright."

Ordered that a Copy and translations of this petition be forwarded to the Secretary to Government in the Judicial Department.

A true translation
Sd/-
R.Walpale
Assistant

(Accession No.296, Boar Proceedings, Judicial, Odisha State Archives, Bhubaneswar.)

ग्रंथ-सूची

Primary Sources

1. State Archives, Odisha, Bhubaneswar
   (a) Board of revenue Proceedings, Judcial, Vols-1, 13, 379, 426, 497 (Relevant Portions)
   (b) Loose correspondences, Collector of Cuttack to Acting President and Members of board of Revenue, Caicutta (Relevant Portions)
   (c) 'Mercy Petition of the Raja of Khurda, Mukunda dev II to the British Government', Board Proceedings Judicial, Accession No, 296, Odisha State Archives.
   (d) Guide to Orissa Records, Vol-II, S.C.C. De (ed.) Odisha State Archives, Bhubaneswar, 1961.
2. A collection of Treaties, Engagements and Sanads relating to India and neighboring countries, compiled by C.U. Aitchison (Calcutta,1930)
3. Bengal District Gazetteers, Cuttack; Calcutta, 1960.
4. Bengal District Gazetteers, Puri; Calcutta, 1908.
5. Bengal Gazetteers, February States of Orissa; Calcutta, 1910.
6. Charles Grome's Report on the temple of Jagannath, 10 June, 1805, K.S. Behera, et.al (ed.), Odisha State Archives, Bhubaneswar, 2002.
7. Final Report on the survey and settlement of the Province of Orissa, 1890-1900, Vol-I and II, by S.L. Maddox (Reprinted under the authority of the Board of Revenue, Orissa, Cuttack, undated).
8. Madala Panji, A.B. Mohanty (ed.) 1940.
   Newspapers, Periodicals and Journals
   (a) The Samaj
   (b) The New Indian Express

(c) Bana Phul (Odiya) February, 971
(d) Odisha Review.
(e) Orissa Historical Reasearch Journal, Bhubaeswar
(f) Journal of Kaling Historical Research Society, Balangir; 1946-1947.

Secondary Sources

- Acharya, P.M. Odishara (Odiya), 1925
- Benerjee, R.D. History of Orissa (from earliest times to British period), 2 Volumes, Calcutta, 1930
- Beams, John-Members of a Bengal Civilian, London, 1961
- Bipra, M-Firingi Kali Bharat (Odiya), 1835
- Buckland, C.E.-Bengal under the Lieutenant Governors, 2 volumes, Calcutta, 1902
- Chamupati, D.-Buxi Jgabandhu Vamasara Nutan Itihas, Harirajpur, Puri, 1996
- Dash, B.M. et.ai (ed.)-SaheedJayee Rajguru, Puri, 2000
- Das, S.N.-Gata Satabdira Odish (Odiya), Puri, 1955
  Odishaa Swadhinata Sangramra Itihasa (Odiya, Puri, 1957)
  Pika Bidroha (Odiya), Puri, 1958.
- Exchmann, A. Kulke, H. Tripathy, G.C. (ed.) The Cult of Jgannath and Rigional TradititTon of Orissa, New Delhi, 1978
- Frrest, G. The life of Lord Clive, 2 volumes, London, 1818
- Ganguly, M.M. Orissa and her remains, Culcutta, 1912
- Harichandan, F. Khordha Itihasara Antarale, Odiya, Cuttack, 1999
  Odiha Itihasaa Analochita Adhyaya, Odisha, Cuttack, 2003
- Hunter, W.W. History of Orissa, 2 volumes, London, 1872.
- History of British India, 2 volumes, London, 1899
- Kaye, J.W. The Administration of the East Indiya Company, London, 1859
- Mhatab, H.K. History of Orissa, 2 volumes, Cuttack, 1960
- Mahatab, H.K. And S.C. De (ed.) History of freedom movement in Orissa, Vol. I, Cuttack, 1959
- Mahapatra, C.D. Utakal Itihasara eka Agnyata Adhyaya (Odia), Cuttack, 1969
- Mohapatra, K.N. Khurudha Itihasa, (Odiya), Bhubaneswar, 1969
- Mjumdar, B.C. Orissa in the Making, Calcutta, 1925

- Mishra, Jatadhari Odishara Pratham Saheed Jayee Rajguru, Puri, 2002
- Mishra, P.K. Political unrest in Orissa in te 19th centuri, Calcutta, 1983
- Mohanty, Nibedita Oriya Nationalism, Quest for a United Orissa, Cuttack, 1981
- O' Malley, L.S.S. History of Bengal, Bihar and Orissa under British Rule, Calcutta, 1925
- Patra, K.M. Orissa under the East India Company, New Delhi, 1984

  An Advanced History of Orissa (Modern Period), New Delhi, 1984
- Pattanaik, P.K. Aforgotten Chapter of Orissa History, Calcutta, 1979.

  The First Indian War of Independence, Freedom Movement in Orissa (1804-1825), New Delhi, 2005
- Pattanaik, S. Chakada and Chayini Chakada (Odia, Cuttack. 1979
- Philips, C.H. The East India Company, 1784-1834, Oxford, 1940
- praharaj, G.C. Purna Chandra Odiya Bhasakosa, Cuttack, 1973
- Prinsep, H.T.A. Nrrative of the Political and Miitary Transactions of British India, 1803-1818, London, 1820
- Raiguru, S.N. Odishara Sanskrutika Itihasa, Bhubaneswar, 1986
- Ramsay, cobden L.E.B. Feudatory States of Orissa, Calcutta, 1910
- Rath, B.C. Land system in the Native States of Orissa, Cuttack, 1995
- Rath Sharma, S. Jayee Rajguru, Puri, 1955
- Ray, B.C. Orissa under the Marathas, Allahabad, 1959

  Foundations of British Orissa, Cuttack, 1960

  Bakshi Jagabandhu,The path finder of freedom movement in india, Bhubaneswar, 2001
- Ray, B.C. (ed.). Freedom Struggle in Orissa, Vol. I, Bhubaneswar, 2004

- Raysingh, L.N. Bharatara Prathama Gana Viplab (Odia), Cuttack, 1965
- Sahu, N.K. (ed.). A History of Orissa, New Age publications, Cuttack, 2005
- Sahu, N.K. (et.al), History of Orissa, Cuttack, 2001
- Singh, Jagabandhu Prachina Utakal (Odia), Puri, 1929
- Srichandan, D. Utakala Darapn, (Odia), Cuttack, 1927
- Swain, P.K. (ed.). Krupasindhu Mishra Rachanavali (Odia), Cuttack, 2010. Stiriling, A. An Account (Geographical, Stastical and Historycal) of Orissa proper or Cuttack, Calcutta, 1904
- Toynbee, G.A. Sketch History of Orissa (1803-1828), Prafulla, Jgatsinghpur, 2005
- Wilson, C.R. The Early Annals of the English in Bengal, 3 Vol. London, 1895

□□□

* 9 7 8 9 3 5 3 2 2 9 2 5 2 *

FCW - #0176 - 061026 - C0 - 216/140/8 - PB - 9789353229252 - Matt Lamination